KB023584

이영숙 박사의 한국형 12성품 척도 개발 연구

이영숙 박사의 한국형 12성품 척도 개발 연구

지은이 이영숙
발행인 김희종
발행처 LYS교육개발연구소

초판 1쇄 인쇄 2015년 11월 26일
초판 1쇄 발행 2015년 12월 3일

등록번호 제2012-000125호
등록일자 2012년 10월 11일
주소 서울특별시 송파구 백제고분로 187
전화 02-3472-1600
팩스 02-558-8472
전자우편 goodtree@goodtree.or.kr
홈페이지 www.goodtree.or.kr / www.ikoca.org

페이스북 /characterlee

ISBN 979-11-5847-033-3 93370

* LYS교육개발연구소는 비영리기관인 (사)한국성품협회 한국성품학회를 지원하는 기업부설연구소입니다.

이영숙 박사의
한국형 12성품 척도 개발 연구

공감인지능력

경청
긍정적인 태도
기쁨
배려
감사
순종

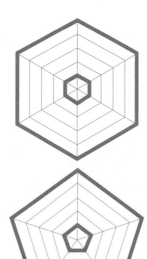

분별력

인내
책임감
절제
창의성
정직
지혜

KCA 한국성품협회 | 한국성품학회

연구책임자

이영숙 (사단법인 한국성품협회 한국성품학회)

(사)한국성품협회 대표 / 한국성품학회 학회장 / 건양대학교 대학원 교수
좋은나무성품학교 인성성품프로그램 개발자
조선일보 부모성품코칭 칼럼니스트, 경기일보 오피니언 칼럼니스트
'2015 제1회 국회 인성교육 심포지엄' 주제강연-문화적 접근으로 보는 인성교육의 실천방안
청와대, 한국교육학술정보원, 교육부, 교육청 명사초청 강연 주강사
여성가족부, 보건복지부, 국가보훈처, 국세청 성품교육 세미나 주강사
EBS, KBS, MBC, SBS 성품교육 전문가로 출연
2015 시니어 성품교육 프로그램 개발·지원 경상북도지사 표창장 수상
2013 우수 인성교육 프로그램 교육부장관상 수상
2011 대한민국 자랑스러운 혁신 한국인 혁신교육문화부문 수상

『한국형 12성품교육론』│『인성을 가르치는 학교 만들기』*문화체육관광부 우수학술도서(세종도서)│『잔소리의 품격』│『MBC와 함께 하는 이영숙 박사의 인성솔루션 성품 ON』*교보문고 추천도서│『이영숙 박사의 성품대화법』│『여성성품리더십』│『성품, 향기 되어 날다』*서울특별시교육청 정독도서관 학부모 인성도서│『이영숙 박사가 들려주는 성품태교동화』│『성품양육바이블』*서울특별시교육청 정독도서관 학부모 인성도서│『성품 좋은 아이로 키우는 부모의 말 한 마디』│『성품 좋은 아이로 키우는 자녀훈계법』│『나를 찾아 떠나는 여행, 성품』│『이제는 성품입니다』 외 다수

한국 최초로 '성품'이라는 단어를 교육에 접목하여 태아, 영유아, 유아, 어린이, 청소년, 청년, 부모, 직장인, 노인에 이르기까지 특허 받은 성품교육으로 평생교육과정을 구축한 '한국형 12성품교육'의 창시자이다.

이영숙 박사가 고안한 한국형 12성품교육은 교육부가 인증한 우수 인성교육 프로그램으로 선정되었고, 그가 만든 한국형 12성품교육의 연령별 교재는 서울시 교육청이 선정하는 인정도서로 승인되어 우리나라 초중고 국공립, 사립학교의 교육현장에서 탁월한 인성교육으로 인정받고 있다.

2002년에 세운 사단법인 한국성품협회는, 서울시교육청, 인천시교육청, 서울남부교육지원청, 인천남부교육지원청이 지정하는 인성교육 전문기관으로 선정되어 '실천적 인성교육 생활화'를 위한 MOU를 체결하였고, 서울시교육청과 경기도교육청이 지정하는 초중고 교원 직무 연수기관으로 선정되어 학교폭력 및 자살, 왕따 방지를 위한 국가적 인성교육을 선도하고 있다.

'이영숙 박사의 한국형 12성품(이론/실제)'(각 2학점, 30차시)와 '좋은 인성을 키우는 이영숙 박사의 성품대화법'(2학점, 30차시)은 한국교육학술정보원(KERIS) 내용심사에 합격하여 초중고 교원들을 위한 원격교육연수로 운영되고 있다.

또한 전국의 1,000여 개 유아성품 전문교육기관과 시도교육청 및 국공립, 사립학교에서 이영숙 박사의 한국형 12성품교육 프로그램들을 사용하여, 학생, 교사, 부모들이 좋은 성품으로 변화된 사례들이 학계에서 효과검증과 다양한 연구 논문으로 발표되었다.

이영숙 박사는 세상의 문화 속에 '좋은 성품'을 탁월한 교육으로 풀어내어 다음 세대에게 전하는 시대적 사명을 감당하고, 나아가 '한 마음 품기' 통일교육으로 통일을 위한 좋은 성품의 문화적 접근을 제시한다.

공동연구자

김현수 (한국교육개발원/이화여자대학교 박사과정)

심연경 (이화여자대학교 박사과정)

I

서론

───────●───────────────────────────●───────

　　오늘날 한국의 교육 영역에서 가장 중요하게 다루어지고 있는 주제는
인성교육이다. '인성(人性)'은 시대와 학자에 따라 다르게 정의할 수 있으나
일반적으로 "한 개인이 통합적으로 보여주는 품성, 덕성, 인품, 인격 등과 같
은 계열언어를 함축하는 개념[1]"으로 통용된다. 인성은 한국의 교육사에서 수
차례 교육적 쟁점으로 떠오른 바 있어 현 시대에만 나타나는 고유한 문제는
아니다. 그러나 최근 수년에 걸쳐 청소년들이 겪어 온 학교 문제인 부적응,
따돌림, 학업중단 등의 문제가 현재는 정신적·신체적 폭행, 인터넷과 SNS를
통한 모욕 등을 포함한 학교폭력문제로 확대되었다는 점에서 인성교육은 그
어느 때보다도 심각한 교육 문제로 대두되고 있다. 이전까지는 소수 학생의
부적응, 공격성 등 인격의 한 측면이 문제가 되었다면 이제는 교육 환경에
놓인 모든 개인의 근본 바탕으로서의 인성 그 자체가 문제시되고 있는 것이
다. 또한 학교교육의 반경에 문제가 집중되어 있었던 이전과 달리 오늘날의

─────────────

1　　박균섭(2008). 학교 인성교육론 비판. 교육철학, 8, 35-69.

청소년들은 학교를 포함해 사이버 공간에 이르기까지 언제 어디에서나 삶의 전반에 걸쳐 폭력문제에 노출되어 있다는 점에서 차이를 보인다. 이러한 맥락을 고려할 때 현 교육에서 인성교육이 다시금 강조되고 있는 것은 현대의 사회문화적 변화와 교육의 현재를 근본적으로 되돌아보고 검토하여 올바른 교육을 수행해가려는 노력으로 볼 수 있다.

2013년 교육부는 '인성교육 강화 기본계획(안)'을 발표하고, 2015년 1월 20일 국회가 '인성교육진흥법'을 공포하였으며 이는 공포 6개월 뒤인 2015년 7월 21일부터 본격 시행되고 있다. 인성교육진흥법은 「대한민국헌법」에 따른 인간으로서의 존엄과 가치를 보장하고 「교육기본법」에 따른 교육이념을 바탕으로 건전하고 올바른 인성(人性)을 갖춘 국민을 육성하여 국가사회의 발전에 이바지함을 목적으로 한다. 인성교육진흥법에 명시된 바에 따르면 인성교육은 "자신의 내면을 바르고 건전하게 가꾸고 타인·공동체·자연과 더불어 살아가는 데 필요한 인간다운 성품과 역량을 기르는 것"이다. 교육부가 제시하는 인간다운 성품에는 예(禮), 효(孝), 정직, 책임, 존중, 배려, 소통, 협동 등의 가치와 덕목이 포함된다. 그리고 이를 학교에서 가르치고 검증하는 자료 마련을 위해 2014년 초·중등 학생 표준화 인성검사를 개발한 바 있다. 그러나 이렇게 인성교육을 일반화하려는 노력에도 불구하고 현재까지도 인성의 개념과 인성을 구성하는 덕목들, 인성교육의 내용 및 방법에 대해서는 여러 가지 의견이 개진되고 있는 실정이다. 인성의 개념이 하나로 정의되지 않고 포괄적으로 받아들여지고 있듯이 인성교육에서 실제로 가르치고 함양해야할 내용이 무엇인지, 어떻게 가르치고 검증할 것인지에 관해서도 다양한 견해가 제시되고 있는 것이다.

사단법인 한국성품협회에서도 지난 10여 년간 현대 교육환경의 변화에 주목하여 인성교육의 필요성에 공감해왔다. 특히 주목했던 점은 한국의 인성교육과 도덕교육의 역사에서 나타나는 교육의 한계였다. 이는 두 가지로 요약될 수 있는데 하나는 주지주의적 접근 방식이며 또 다른 하나는 교육이 실제 행동의 변화에 영향을 미치지 못한다는 점이다. 이러한 현실에 대한 인식 하에 사단법인 한국성품협회의 좋은나무성품학교 인성프로그램 개발자인 이영숙[2]은 사람의 성품이라는 뜻의 인성이라는 단어에서 '성품'을 키워드로 삼아 2005년부터 '한국형 12성품교육'을 창안하여 실시해왔다. 한국형 12성품교육은 당시 인성교육에 관한 논의가 추상적인 수준에 머물러 있어 교육 현장에 어려움을 초래함에 따라 구체적인 개념과 실천 방안을 마련하고자 한 것이었다.

한국형 12성품교육은 2015년 현재에 이르기까지 이영숙 박사가 고안하여 좋은나무성품학교를 통해 10년간 실천해 온 교육이다.[3] 태아에서 노인까지 전 연령에 걸쳐 다양한 환경의 사람들에게 포괄적으로 활용해왔으며 그 과정에서 올바른 인성교육의 개념과 구체적인 교육 가치 및 방법을 정립한 결과를 성품교육론에서 종합해냈다.[4] 이러한 경험적 기반을 바탕으로 이 연구에서는 '한국형 12성품 척도'를 개발하여 한국형 12성품교육의 효과를 보다 객관적으로 검증해보고자 한다. 개발된 척도는 개인의 성품 수준을 측정하기 위한 검사도구로 교육현장에서 실제로 활용될 수 있을 것이며 올바른 성품교육의 방향 및 내용, 방법을 제시하는 구체적 자료로 사용될 수 있을 것이다.

---

2 이영숙(2005). 부모 교사를 위한 성품교육 지도서-경청. 서울: 아름다운 열매. 16-18.

3 이영숙(2005)은 2002년 사단법인 한국성품협회를 설립하여 최초로 성품이라는 단어로 유아, 유치 교육과정과 초등 교육과정을 만들고, 2005년 설립한 전국의 좋은나무성품학교(Goodtree Character School)에 보급하기 시작하였다. 유아·유치, 초등 성품 교육과정으로 시작된 '한국형 12성품교육'은 현재 성품 태아교육과정, 성품 유아·유치교육과정, 성품 초등교육과정, 성품 청소년교육과정인 틴틴 성품리더십과정, 성인들을 위한 성품부모교육 프로그램 등으로 교육 대상을 넓혀왔다. 현재 국내외 1,000 여개 이상의 유초중등 학교들과 학부모 성품교육과정에서 한국형 12성품교육과정으로 교육 활동을 펼쳐 나가고 있다.

4 이영숙(2011). 한국형 12성품교육론. 서울: 좋은나무성품학교.

II

이론적 배경

1

한국형 12성품교육의 정의

가. 성품의 정의

한국형 12성품교육에서 뜻하는 성품은 "한 사람의 생각, 감정, 행동의 표현[1]"이다. 성품은 생각(thinking), 감정(feeling), 행동(action)의 세 영역으로 구성되며, 성품의 발달은 각 영역이 개별적으로 분리되지 않고 조화를 이루어 경험 안에서 상호작용할 때 가능하다.[2]

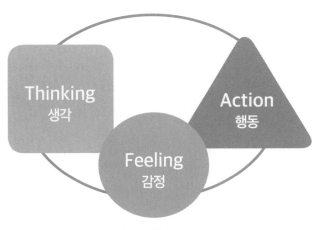

그림 II-1. 성품의 정의

1   이영숙(2005). 앞의 책

2   이영숙(2007). 이제는 성품입니다. 서울: 아름다운 열매.

성품(character)은 고대 그리스 원어로 '표시 만들기(to mark)'를 뜻한다. 성품은 인간이 일생을 통해 형성하게 되는 성향으로서, 겉으로 드러나는 특징인 성격의 깊은 부분에서 작용하여 행동, 태도와 가치를 통합하는 원리를 제공한다.[3] 흔히 성품과 혼용되어 사용되는 개념인 성격은(personality)은 외적으로 나타나는 일련의 행동이 타인에 의해 지각되어 판단된 것이라는 점에서 성품과 개념적 차이를 지닌다.[4] 성격을 인간 개개인의 유전적·환경적인 기질이 밖으로 드러나는 방식이라고 한다면 이와 달리 성품은 내면에서 작동하는 근본적인 삶의 태도다. 성품은 성격이라는 일종의 자기표현 방식의 바탕을 제공한다는 점에서 성격보다 더 근본적이고 총체적인 성격을 띠는 덕(德)의 개념이라 할 수 있다.

성품은 인간이 각자 타고난 성격을 바탕으로 교육과 경험의 요소들을 포함한 환경적 영향에 의해 내면의 덕이 갖추어진 상태를 말한다.[5] 성품은 도덕적, 윤리적 성격을 띠며, 윤리적 결정과 관련된 행위에 영향을 주는 일련의 신념과 도덕적 가치들로 구성된다. 이렇게 가치의 내재화 과정을 필요로 한다는 점에서 성품은 우연히 갖게 되거나 타고나는 것이 아니라 삶의 구체적인 상황 속에서 배우고 경험함으로써 형성되는 인격적 결단이라고 할 수 있다.[6]

3   Lapsley, D. K., Narvaez, D.(2006). Character education, 4, (A. Renninger & I. Siegel, volume Eds.),
     Handbook of Child Psychology(W. Damon & R. Lerner, Series Eds.) New York: Wiley. 248-296. 이영숙(2011). 앞의 책

4   노안영, 강영신(2003). 성격 심리학. 서울: 학지사. 20-21.

5   이영숙(2010). 성품양육 바이블. 서울: 물푸레.

6   이영숙(2011). 앞의 책

나. 한국형 12성품교육의 정의

한국형 12성품교육은 인간의 생각, 감정, 행동을 변화시켜 그를 행복하게 하는 교육이다.[7] 즉 성품교육은 인간의 사고 영역과 감정 영역, 행동 영역에 각각 의미 있는 영향을 주어 바람직한 변화를 도모하는 과정이라고 할 수 있다. 앞서 성품의 개념을 인간이 자기 자신을 포함한 주위 것들에 대해 어떻게 생각하고 느끼는지, 어떻게 말하고 행동하는지를 보여주는 인격의 총체적 표현이라고 하였다. 따라서 교육은 일련의 생각, 감정, 행동의 총체적 표현 양식으로서의 인간 성품이 실제 삶 속에서 올바르게 표현되도록 하는 것이며 이것이 한국형 12성품교육의 목표라고 할 수 있다. 한 개인이 생각하고 느끼고 행동하는 일련의 유기적 과정의 표현이 바로 성품이며, 가치 지향적 활동으로서의 교육에서 핵심으로 삼는 '바른 성품'은 개인의 생각과 감정,

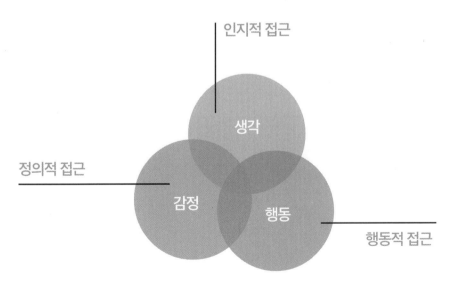

그림 Ⅱ-2. 한국형 12성품교육의 교육적 접근 방법

7   이영숙(2005). 앞의 책

행동의 근본적 변화를 바탕으로 한 '바른 표현'을 통해 가능하다. 이러한 맥락에서 한국형 12성품교육에서는 생각, 감정, 행동 면에서의 인간의 성숙을 목적으로 인지적, 감정적, 행동적 측면에서 교육적 접근을 시도한다.[8]

한국형 12성품교육에서 특히 '한국형'이라는 표현을 사용하는 것은 한국의 문화와 한국인의 특징을 고려한 것이다.[9] 인간은 태어날 때부터 하나의 사회에 속하게 되며, "자기가 소속해 있는 사회집단의 행동양식, 가치관, 규범과 같은 문화를 학습하여 내면화하고 자기자신의 독특한 개성과 자아를 형성[10]"해간다. 따라서 개인의 성품은 그 나라의 문화적 요소와 환경적인 특징에 의해 형성된 민족적 특징을 담게 되는 것이다. 이에 교육의 목적과 방향을 설정하고 내용을 선정하는 데 있어서 한국 사회의 고유한 문화와 정서에 대한 이해가 필수적으로 필요하게 된다.

그러나 한국형 12성품교육에서는 교육 대상인 '한국인'을 혈통이나 인종, 국적 등의 기준에 따라 제한하여 좁은 의미에 국한시키지 않는다. 이러한 점에서 한국형 12성품교육은 독특한 특색을 지닌다. 다음은 한국형 12성품교육에서 뜻하는 한국인의 의미를 다섯 가지로 정리한 것이다.[11]

첫째, 한국이라는 나라의 국적을 소유하고 이 땅에서 살고 있는 사람들을 말한다.

둘째, 한국 사람으로 태어나서 한국 땅에서 자라다가 외국으로 나가 살고 있는 모든 재외 한국인들을 말한다.

셋째, 북한에서 살고 있는 북한 동포들을 포함한다.

---

8   이영숙(2011). 앞의 책

9   이영숙(2005). 앞의 책

10   윤정일, 허형, 이성호, 이용남, 박철홍, 박인우(2004). 신교육의이해. 서울: 학지사. 183-187.

11   이영숙(2011). 앞의 책

넷째, 제3국에서 한국으로 이주하여 한국 문화 속에서 한국 사람들과 함께 거주하는 다문화권의 모든 사람들을 의미한다.

다섯째, 한국인의 심리적·감정적 특성을 가지고 있는 모든 나라의 사람들을 포함한다.

이렇듯 한국형 12성품교육은 위의 다섯 가지 측면에서 한국의 문화를 공유하고 정서적 특성을 지닌 개개인 모두를 교육 대상으로 하여 성품의 발달을 추구함으로써 차별화된 특색을 지닌 동시에 매우 포괄적인 교육 개념이다.

다. 한국 문화와 한국형 12성품교육의 특색

1) 한국 문화의 특징에 따른 한국인의 성품

한국형 12성품교육에서는 크게 두 가지 관점에서 한국 문화의 특성을 분석하였다. 첫째는 우리나라가 동양사회사상의 영향권 하에 놓여있음을 고려하여 유교(儒敎)문화의 영향을 검토하고, 둘째로는 우리나라 고유의 샤머니즘 문화를 통해 한국인의 정서적 특성을 이해해보고자 하였다.

장성숙[12]에 따르면 유교 문화에서는 개인보다 사회가 중시되고 인간의 상호의존성과 타인에 대한 관심, 배려, 헌신을 회복하는 데 역점을 둔다. 유교 문화에서는 도덕성의 근거를 인간관계에서 찾기 때문에 개인적 이익보다 타인과 사회에 초점을 두어 배려의 덕목을 중시하게 된다. 그리고 배려를 개인이 수행해야 할 역할과 의무의 근거로 삼아 사회의 질서와 조화를

---

12   장성숙(2009). 사회병리현상과 정신건강. 한국예술심리치료학회 학술대회, 1, 1-8.

추구한다. 한국 문화가 유교적 영향으로 위의 특성을 지녔다고 할 때, 이를 Hofstede(1991)와 Triandis(1989, 1996) 등의 학자들이 제안한 집단주의와 개인주의 문화 분류체계에 적용해본다면 한국 문화는 관계주의 문화권으로 구분할 수 있다.[13, 14]

관계주의적 문화를 배경으로 하는 한국 사회에서는 자유로운 개인의 감정 표출보다 관계 혹은 집단의 안정적 유지가 더 중요하게 여겨진다. 그에 따라 개인은 자신의 정서를 있는 그대로 표현하고 타인과 나누는 데 어려움을 느끼며 정서를 억제하게 되는 경우가 많다. 이러한 유교문화의 영향은 언어에도 남아 있어, 한국어에서는 '우리'라는 표현과 경어법이 발달되어 있으나 일상에서 자신의 생각과 감정을 전달하고 표현하는 일상적 언어에 익숙하지 않으며[15] '나'라는 개념에 대한 사회적·심리적 거리를 가지게 된다. 이렇듯 한국 문화에서 개인은 타인과의 관계와 '우리성'을 우선시 하는 심정논리(心情論理)를 바탕으로 사고를 형성하게 되어 정서면에서도 관계를 도모하는 정서가 주로 발달한다. 이러한 이유로 사람들은 개인적 성취감이나 만족감보다는 타인의 시선과 평가, 인정을 중시하는 경향이 생기며 주로 인간관계에서 얻는 만족으로부터 긍정적 정서를 경험하게 되는 경우가 많다.[16]

---

13   장성숙(2009). 앞의 책

14   장성숙(2009)에 따르면 집단주의와 개인주의 문화 분류체계(Hofstede(1991), Triandis(1989, 1996))에서 크게 서구문화는 개인주의 문화권으로 동양문화는 관계주의 문화권으로 분류된다. 한국과 같은 관계주의 문화권과 달리, 개인주의 문화권에서 개인은 자기만족을 목표로 하고 자신의 노력에 의한 목표성취를 지향한다. 이때의 개인은 자유의지에 따라 합리적 사고를 통하여 선택하고 행동하는 주체이다. 따라서 개인은 전체에 앞서 존재하며, 전체인 사회는 개인의 목적을 실현하기 위한 수단으로 구성 혹은 해체되는 것이다. 정서의 표현 면에서도 관계지향, 개인성의 억제라는 특징을 보이는 동양문화와 달리 서구문화에서는 정서를 진실한 내면의 발현으로 간주하여 자유로운 정서표출을 중시한다.

15   이영숙(2010). 앞의 책

16   Markus, H. R, Kitayama, S.(1991). Culture and the Self: Implication for cognition, emotion and motivation. *Psychological review*, 98(2), 224-253.

두 번째로 우리나라의 샤머니즘을 통해 한국인의 정서를 살펴보면 한 (恨)이라는 보편적 정서와 더불어 정(情)의 개념을 발견할 수 있다.[17] 먼저 한 (恨)은 "마음에서 커져 마치 거기서 난 것처럼 그 자리에 머물러 있음[18]", "억울함, 원망, 답답함, 무기력, 후회스러움, 고통, 서러움, 슬픔, 체념 등의 복합적인 감정을 포함[19]"하는 개념으로 이해된다. 앞에서 살펴본 바와 같이 한국은 개인주의적인 서구문화와 다르게 관계주의·집단주의 문화의 특성을 지닌다. Markus와 Kitayama(1991)는 집단주의 문화에서는 타인에 대한 배려가 자기표현보다 우위를 차지하게 되고 개인은 자신의 감정을 표출하기보다 감추고 억제하도록 사회화된다고 말한다.[20] 개인은 스스로를 독립적인 개인이 아닌 상호의존적인 자기로 인식하며 자아에 초점을 둔 감정들을 느끼고 표현하기보다 타인에 초점을 둔 감정들을 경험해가게 되는 것이다.

굿이라는 샤머니즘의 예식(ritual)은 이러한 경험 속에서 개인이 갖게 되는 다양한 감정들, 즉 한을 풀어주기 위한 시도로서 개인의 한을 공동체적 사건으로 전환하여 표출할 수 있도록 하는 통로가 된다.[21] 한국의 샤머니즘은 한을 고유의 방법과 형태로 승화하고 표출하여 사람들이 사회적·심리적으로 안정을 찾고 정서적 지혜를 길러 성숙해갈 수 있도록 하는 역할을 해왔다. 같은 맥락에서 이경엽[22]은 굿이란 공동체적 세시풍속에 따라 절기와 삶의 주요 상황 속에서 수행되어 온 것으로 개인 의례뿐 아니라 마을 의례에도 배치되어 유기적으로 공존해 왔다고 말한다. 굿판에서 벌어지는 노래와 음

---

17   이영숙(2011). 앞의 책

18   홍경완(2009). 사회적 고난체험으로서의 한. 신학과 철학, 15, 119-145.

19   최상진(1991). '恨'의 사회심리학적 개념화 시도. 한국심리학회 학술대회, 339-350.

20   Markus, H. R, Kitayama, S.(1991). 앞의 책

21   홍경완(2009). 앞의 책

22   이경엽(2010). 굿문화의 전통과 문화적 정체성. 남도민속연구, 20, 201-246.

악, 춤 등의 예술 표현은 한을 풀어내고 신명을 일으켜 자연과 몸, 마음, 사회, 인간살이를 치유해낸다. 굿을 준비하고 치러내는 과정에서 사람들은 공동체적 유대를 경험하고 삶을 긍정하는 의식세계를 되찾을 수 있게 된다. 이러한 의미에서 굿 문화는 사람들이 정(情)을 나누고 쌓는 계기로서 한국인의 문화적 정체성을 형성하는 데 기여해왔다. 한이 "한국인의 심층적 무의식 정서와 한국문화의 하부기층을 구성하는 한국적 문화심리 현상이라고 한다면, 한국인의 정은 사회적 관계에서 인간관계를 구성하는 한국적 기본틀[23]"이라고 할 수 있다.

한국인은 관계를 형성하고 유지하는 과정에서 정(情)이라는 독특한 개념을 사용한다. 정은 단순한 개인적 감정이 아니라 '우리' 사이에 존재하는 감정으로서 서로가 상대를 아껴주는 마음을 뜻한다. 한국인은 상대에 대한 마음을 구체적 언행으로 표현하기보다 정(情), 즉 '마음써주기'의 형태로 표현하고 해석하는 것이다.[24] 한국인에게서 정(情)의 심리가 발달한 데 대해 최상진[25]은 서양인은 '나' 중심의 개인주의적 관계맺음을 형성하는 반면 한국인은 '우리' 속에서 관계를 맺기 때문이라고 설명한다. 한국인은 관계 속에서 자신을 이해하고 규정하며, 자신의 가치를 발견하는 경향이 있는 것이다.

한국인의 정(情) 혹은 인정(人情)은 서구적 합리성이나 박애주의, 정의에 따른 자선 행동과 같은 당위가 아니라 심정논리를 따른다. 이 때문에 한국인은 관계와 상황의 객관적 특성을 합리적으로 이해하기보다 소위 '인간적'으로 표현하는 비합리적 측면에서 주관적으로 사태를 이해하는 경향이 있

23   최상진(1993). 한국인의 특성 : 심리학적 탐색 : 한국인의 심정심리학 : 정과 (情) 한에 (恨) 대한 현상학적 한 이해. 한국심리학회 대외심포지움, 3, 3-21.

24   최상진, 김기범(2000). 한국인의 심정심리(心情心理) : 심정의 성격, 발생과정, 교류양식 및 형태. 한국심리학회지: 일반, 18(1), 1-16.

25   최상진(1993). 앞의 책

다.[26] 정(情)에 기반을 둔 관계맺음에서 한국인은 자신의 생각과 감정을 명확하고 올바르게 표현하는 데 심리적 부담을 느끼며 감정을 감추고 억제하면서 타인의 마음을 추론하고 이해하려는 성향을 보이게 된다.[27]

2) 한국형 12성품교육의 특색

한국형 12성품교육은 한국인의 성품특성, 즉 관계주의의 특징을 띠는 동양 문화와 한국인에게 발달한 심정논리, 정(情)과 한(恨)의 정서적 측면을 고려한 포괄적인 교육이다. 이 바탕에는 고대 철학자인 아리스토텔레스의 이론과 구약 성경에 대한 분석을 주축으로 한 교육 철학이 내재되어 있다.[28] 한국형 12성품교육은 한국의 문화적 맥락과 서양 철학의 이념을 고려하여 한국인에게 적합한 내용과 방법을 구성해 덕(virtue)을 지닌 성품을 길러내기 위한 교육이다.

고대 그리스에서 덕은 희랍어로 '아레테(arete)'라고 하였다. Guthrie(1960)[29]에 따르면 교육목적으로서의 아레테는 보편성을 띠는 개념으로서 "인간 자체로서의 빼어남, 즉 인생에 있어서의 능함"이다. 이는 "특수한 분야에서 발휘하는 구체적인 능력"이라기보다는 삶의 태도를 뜻하는 것이라 할 수 있다. 아리스토텔레스는 덕은 "이론적인 지식으로 환원될 수 있는 것이 아니며 습관을 통해 몸에 익혀야 하는 품성상태들이며, 무엇보다 그것들을 시의 적절하게 적용할 줄 아는 실천적인 지혜[30]"라고 하였다. 따라서 덕에 대한 탐구와

---

26   최상진, 김기범(2000)

27   이영숙(2011). 앞의 책

28   이영숙(2011). 앞의 책

29   Guthrie, W. K. C.(1960). *The Greek Philosophers-From Tales to Aristotle*. 박종현 역. 『희랍 철학 입문』. 서광사. 이영숙(2011). 앞의 책

30   손윤락(2012). 아리스토텔레스의 수사학에서 성격과 덕 교육. 수사학, 17. 73-96.

고찰은 '덕에 관한 이론적 지식을 얻는 것'이 아니라 '덕을 갖추는 것'을 궁극적인 목적으로 함을 알 수 있다.[31] 실천적 지혜는 지식을 알고 있을 때가 아니라 실제 삶의 다양한 사태에서 덕을 행할 때 발휘된다. 그리고 이를 스스로 연습하고 검토하며 삶 속에서 지속적으로 행해 갈 때 개인의 성품으로 덕이 함양 될 수 있는 것이며 이것이 한국형 12성품교육이 추구하는 바다.[32]

한국형 12성품교육에서는 진정한 성품의 덕을 갖춘 한국인을 양성하는 것을 목적으로 두 가지 세부 덕목인 공감인지능력과 분별력을 제시한다. 공감인지능력과 분별력은 한국인이 올바른 성품을 갖추기 위해 추구해야할 덕목으로서 개개인이 인지적 성찰과 반성을 통해 변화해나갈 수 있도록 한다. 한국형 12성품교육은 공감인지능력과 분별력을 네 가지 구체적인 교육영역을 통해 실천하고 학습해가도록 안내하는 구체적인 교육 방안이다. 이를 세 가지 특색으로 정리하면 다음과 같다.[33]

첫째, 유교 문화의 영향으로 일상적 관계에서의 바르고 명확한 감정표현이 권장되지 않았던 한국 사회의 문제점에 주목하여, 성품교육의 첫 번째 핵심 덕목으로 공감인지능력(empathy)을 기를 수 있도록 교육 내용을 구성한다.[34] 공감인지능력은 "다른 사람의 기본적인 정서, 즉 고통과 기쁨, 아픔과 슬픔에 공감하는 능력으로 동정이 아닌 타인에 대한 이해를 바탕으로 하여 정서적 충격을 감소시켜주는 능력[35]"으로, 공감인지능력과 관련된 성품 가치로는 경청, 긍정적인 태도, 기쁨, 배려, 감사, 순종의 6가지를 제시한다.[36]

---

31   이호찬(2014). 덕과 아레테. 한국도덕교육학회 연차학술대회, 2014. 1, 153-180.

32   이호찬(2014). 앞의 책

33   이영숙(2011). 앞의 책

34   이영숙(2010). 앞의 책

35   이영숙(2005). 앞의 책

36   이영숙(2007). 앞의 책

둘째, 심정논리를 기반으로 하는 한국인의 정서인 정(情)은 인간관계와 감정에 치우쳐 합리적인 판단을 어렵게 하는 측면이 있다는 점에서, 성품교육의 두 번째 핵심 덕목으로 분별력(conscience)을 함양하기 위한 교육 내용을 구성한다. 분별력은 "인간의 기본적인 양심을 기초로 하여 선악을 구별하는 능력으로, 올바른 생활과 건강한 시민정신, 도덕적인 행동을 위한 토대가 되는 덕목[37]"으로, 분별력과 관련된 성품 가치는 인내, 책임감, 절제, 창의성, 정직, 지혜의 6가지를 제시한다.[38]

셋째, 한국 사회의 '우리성'에 근거한 관계주의 문화에서 비롯된 감정 표현의 서투름, 외면, 억압 등과 '감정의 삭힘'이 야기하는 정서인 한(恨)의 근본적인 문제 해결을 목표로 정확하고 올바른 감정 표현을 위한 교육 방법을 제공한다. 한국형 12성품교육의 네 가지 영역은 이야기 나누기(story telling), 생활하기(doing & being), 관계 맺기(building bridges), 탐구하기(let's study)로 이루어진다.

---

37   이영숙(2005). 앞의 책
38   이영숙(2007). 앞의 책

2

한국형 12성품교육의 내용

가. 한국형 12성품교육 내용의 구조

한국형 12성품교육의 핵심 덕목은 공감인지능력과 분별력의 두 가지이다. 한국형 12성품교육은 공감인지능력과 분별력의 내재화와 조화로운 발달을 통해 개인이 균형 있는 성품을 갖추도록 하는 것을 목적으로 한다. 타인의 감정에 공감하고 이해하는 능력과 옳고 그름을 분별할 수 있는 능력이 조화롭게 균형을 이루는 것이다.[39] 성품을 "한 사람의 생각, 감정, 행동의 표현[40]"이라고 할 때, 공감인지능력은 정서적 측면, 즉 감정에 대한 인지를 바탕으로 행동할 수 있도록 한다. 반면에 분별력은 지성적 측면, 즉 스스로 생각하고 검토하며 행동해가는 자기반성적 태도를 함양하여 성품의 발달을 도모하는 역할을 한다.

위 두 가지 핵심 덕목을 주축으로 한국형 12성품교육에서는 12개의 성품 가치를 제시한다. 먼저 첫 번째 덕목인 공감인지능력은 경청, 긍정적인 태도, 기쁨, 배려, 감사, 순종의 6가지 성품 가치로 구성되어 있으며 또 다른

---

39   이영숙(2011). 앞의 책
40   이영숙(2005). 앞의 책

핵심 덕목인 분별력은 인내, 책임감, 절제, 창의성, 정직, 지혜의 6가지 성품 가치로 구성되어 있다. 이를 그림으로 나타내면 아래와 같다.

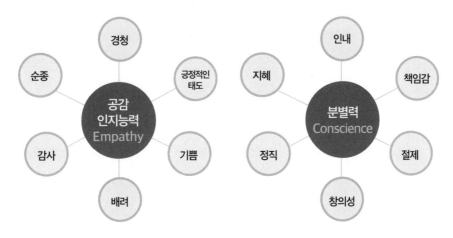

그림 II-3. 한국형 12성품교육 내용의 구조 : 공감인지능력과 분별력

나. 한국형 12성품교육의 핵심 덕목 : 공감인지능력과 분별력

1) 공감인지능력

공감인지능력(empathy)이란 "다른 사람의 기본적인 정서, 즉 고통과 기쁨, 아픔과 슬픔에 공감하는 능력으로 동정이 아닌 타인에 대한 이해를 바탕으로 하여 정서적 충격을 감소시켜주는 능력"이다.[41] 이는 개인의 내적인 자존감과 정서적·사회적 발달을 위해 필요한 덕목이다. 공감은 프랑스의 사회학자 에밀 뒤르켐(E. Durkhei)을 비롯해 국내 논문들에서도 인성의 덕목으로 제시하며 그 중요성을 다룬 바 있다. 류청산, 진홍섭의 "인성교육을 위한 인

---

41 이영숙(2005). 앞의 책

성덕목의 요인분석"[42]을 비롯해 2013년 교육부 정책연구개발사업으로 정창우(서울대), 손경원(서울대), 김남준(충북대), 신호재(서울대), 한혜민(스탠포드 대) 등이 진행한 "학교급별 인성교육 실태 및 활성화 방안"[43] 연구에서도 인성의 덕목으로 공감을 제시했다. 이밖에 미셸 보바(Michele Borba)가 "Building moral intelligence"에서 윤리의식과 올바른 인성을 길러주는 7가지 핵심 덕목 중 첫 번째 필수덕목으로 공감능력을 강조하기도 했다.[44]

공감은 '우리성'을 강조하는 관계주의 문화인 우리나라에서는 이론으로 제시되기에 앞서 생활 속에서 먼저 오랜 기간 동안 중요시되어 온 덕목이라고 할 수 있다.[45] 한국형 12성품교육에서 핵심 덕목으로 제시하는 공감인지능력은 가치 맹목적인 정서(emotion)로서의 '공감'이 아니라 맥스 셸러(Max Scheler)가 강조한, 사랑을 기반으로 하는 '진정한 공감'이다.[46] 한국형12성품교육에서는 윤리적 가치를 지닌 '진정한 공감'을 인성교육의 핵심 덕목으로 삼고 교육을 전개하고 있으며, 이때의 공감인지능력은 타인의 감정을 알아차리는 일방적 인지 단계에서 나아가 '우리'의 관계 속에서 상호간의 감정과 문화를 이해하고 표현하는 행동의 개념까지 포함하는 덕목으로 제시된다. 한국형 12성품교육의 핵심 덕목으로서의 공감인지능력은 경청(Attentiveness), 긍정적인 태도(Positive attitude), 기쁨(Joyfulness), 배려(Caring), 감사(Gratefulness), 순종(Obedience)의 6가지 성품 가치로 구성된다.[47]

---

42   류청산 진홍섭(2006). 인성교육을 위한 인성덕목의 요인분석, 경인교육대학교 교육논총, 26(1), 146.

43   정창우, 손경원, 김남준, 신호재, 한혜민, 양해성, 김하연, 하영근(2013). 학교급별 인성교육 실태 및 활성화 방안. 교육부 정책연구 보고서.

44   Michele Borba(2001). Building moral intelligence. Jossey-Bass.

45   조한익, 이미화(2010). 공감능력과 심리적 안녕감의 관계에서 친사회적 행동의 매개효과, 17(11), 139-158.

46   Max Scheler(2006). 동감의 본질과 형태들[Wesen und formen der sympathie]. 조정옥 역. 아카넷.

47   이영숙(2011). 앞의 책

첫째, 경청이란 "상대방의 말과 행동을 잘 집중하여 들어 상대방이 얼마나 소중한지 인정해 주는 것[48]"이다. 경청은 대인관계 의사소통과 사회성 증진을 위한 가장 기본적이고 심리적인 기술로서 대인관계를 형성하고 유지하는 데 핵심적인 태도이다.[49] 둘째, 긍정적인 태도(Positive attitude)란 "어떠한 상황에서도 가장 희망적인 생각, 말, 행동을 선택하는 마음가짐[50]"이다. 긍정적인 태도는 최근 긍정 심리학(positive psychology)에서 제시하는 낙관주의와 같은 맥락으로 일의 과정에서 느껴지는 좌절과 고통 가운데서도 미래나 결과에 대해 희망과 긍정적인 기대를 잃지 않는 태도이다. 셋째, 기쁨(Joyfulness)이란 "어려운 상황이나 형편 속에서도 불평하지 않고 즐거운 마음을 유지하는 태도[51]"이다. 기쁨은 일상적 생활에서 즐거운 마음을 지니는 태도로서, 현재 자신의 삶을 살아가는 가운데 느껴지는 즐거움을 향유하는 태도를 의미한다. 넷째, 배려(Caring)란 "나와 다른 사람 그리고 환경에 대하여 사랑과 관심을 갖고 잘 관찰하여 보살펴 주는 것[52]"이다. 배려는 전통적으로 중요한 덕목으로 거론되어 온 가치로서 자기 자신뿐 아니라 주변 사람들에게 관심을 가지고 베푸는 태도이다. 다섯째, 감사(Gratefulness)란 "다른 사람이 나에게 어떤 도움이 되었는지 인정하고 말과 행동으로 고마움을 표현하는 것[53]"이다. 감사는 고마움을 느끼고 표현하는 것으로서 사회적 협동과 조화를 중요시하고 있다는 가치 지향의 표현 방법의 하나로도 이해된다.[54] 여섯째, 순종

---

48   이영숙(2005). 앞의 책

49   김계현(2002). 카운셀리의 실제. 서울: 학지사.

50   이영숙(2005). 앞의 책

51   이영숙(2005). 앞의 책

52   이영숙(2005). 앞의 책

53   이영숙(2005). 앞의 책

54   Graziano, W.G., Eisenberg, N.(1997). *Agreeableness; A dimension of personality.* In R. Hogan, S. Briggs, & J. Johnson, (1997). Handbook of Personality Psychology. San Diego, CA: Academic Press.

(Obedience)이란 "나를 보호하고 있는 사람들의 지시에 좋은 태도로 기쁘게 따르는 것[55]"이다. 순종은 권위에 대해 건강하게 순응하는 태도로서 윗사람이나 사회적 권위에 대해 긍정적인 태도를 함양하고 적절한 사회적인 순응을 증진하는 가치이다.[56]

2) 분별력

분별력(conscience)은 "인간의 기본적인 양심을 기초로 하여 선악을 구별하는 능력으로, 올바른 생활과 건강한 시민정신, 도덕적인 행동을 위한 토대가 되는 덕목"이다.[57] 이는 특정한 생각이나 기준, 가치에 대해 스스로 사유하고 행동하는 데 기반이 되는 덕목으로서 개인의 건강한 사회화와 규범 준수를 위해 필수적인 것이라고 할 수 있다. 심정논리를 바탕으로 한 가치 판단이 발달해 온 한국 문화에서 분별력은 개념 그 자체로 강조되기보다 '무분별한', '분별없는' 사고와 행위를 지양해야 한다는 부정형의 용례로 더 많이 사용되어 왔다.[58] 현대 사회에 와서 합리적인 기준과 판단이 강조되면서 분별력도 개인의 성숙을 위한 한 가지 덕목으로 받아들여지고 있으나 실제로 '분별력이 있다'는 표현을 사용함에 있어서는 여전히 어려움이 존재한다. 특히 오늘날과 같은 포스트모더니즘 시대에 개인이나 사회는 단 한 가지 절대

Hunter, J. D.(2000). *2000 First Things 103*, 36-42. 이영숙(2011). 앞의 책

55   이영숙(2005). 앞의 책

56   Kenrick, D. T., Li, N. P.,, Butner, J.(2003). Dynamical evolutionary psychology: Individual decision rules and emergent social norms. *Psychological Review,* 110, 3-28. Scotter, R. D., John, D. H., Richard, J. K., James, C. S.(1991). *Social Foundations of Education(3rd)*. NJ: Prentice Hall. 엄기영(2003). 한국 전통사회 유년기 아동의 인성교육 고찰. 미래유아교육학회지, 10(4), 349-374. 이영숙(2011). 앞의 책

57   이영숙(2005). 앞의 책

58   손남익(2013). 국어 유의어의 의미 연구-구분(區分), 구별(區別), 분류(分類), 분별(分別)을 중심으로-. 우리어문연구, 45, 287-310.

적 기준 및 가치의 확인, 수립을 목적으로 하지 않고 다원적·상대적 기준과 가치를 발견하고 추구한다는 점에서 분별력은 더 본질적이고 인간적인 의미를 포함한 덕목이 되어야 한다고 할 수 있다.[59] 즉 인간 본연의 존재에 대한 궁극적인 인식과 진정한 의미의 성숙한 인간이 갖추어야 할 성품에 대한 고찰을 통해 그 의미를 더욱 명료화할 필요가 있는 것이다. 한국형 12성품교육은 사람들이 삶에서 '분별력 있는' 생각과 행동을 할 수 있도록 하는 다음 6가지 성품 가치, 인내(Patience), 책임감(Responsibility), 절제(Self-control), 창의성(Creativity), 정직(Honesty), 지혜(Wisdom)를 제시한다.

첫째, 인내(Patience)란 "좋은 일이 이루어질 때까지 불평 없이 참고 기다리는 것[60]"이다. 인내는 괴롭고 어려운 상황에서 화를 내거나 부적절한 방법으로 감정을 표출하지 않고 적절히 참고 감내하는 태도이다. 이는 종교적, 철학적인 전통에서 중요시해 온 기본적 가치로서[61] 지속적이고 장기적으로 꾸준히 성장하기 위해 노력하는 태도이다.[62] 둘째, 책임감(Responsibility)이란 "내가 해야 할 일들이 무엇인지 알고 끝까지 맡아서 잘 수행하는 태도[63]"이다. 책임감은 맡은 일을 수행함에 있어 자신의 역할과 의무를 다 하는 태도로서 상황에 대한 통제감을 갖고 적극적으로 대처 행동에 임할 수 있도록 한다.[64] 책임감은 건강한 자존감을 바탕으로 타인의 관점이나 입장을 잘

---

59 이영숙(2011). 앞의 책

60 이영숙(2005). 앞의 책

61 Wynne, E., Ryan, K.(1993) *Reclaiming Our School: A Handbook on Teaching Character, Academics, and Discipline.*, New York: Merrill Press. 이영숙(2011). 앞의 책

62 Stevens, J. R., Hallinan, E. V., Hauser, M. D.(2005). The ecology and evolution of patience in two new world monkeys. *Biol. Lett. 1,* 223-226. 이영숙(2011). 앞의 책

63 이영숙(2005). 앞의 책

64 정주리, 이기학(2007). 의미발견을 통한 의미추구와 주관적 안녕감의 모형 검증: 문제해결 책임감과 긍정적 재해석을 매개로. 상담학 연구, 8(4), 1309-1321. 이영숙(2011). 앞의 책

이해하고 사회적인 갈등과 문제해결에까지 적절히 관여할 수 있는 능력이다.[65] 셋째, 절제(Self-control)란 "내가 하고 싶은 대로 하지 않고 꼭 해야 할 일을 하는 것[66]"이다. 절제는 자신의 행동, 정서, 사고를 자기 스스로 검토하고 조절하는 태도를 의미하며 한국 전통에서 매우 중요하게 여겨져 온 가치다. 넷째, 창의성(Creativity)이란 "모든 생각과 행동을 새로운 방법으로 시도해 보는 것[67]"이다. 창의성은 새로운 생각이나 개념, 기존의 관념들을 새롭게 조합하는 능력이다.[68](이영숙, 2011). 창의성은 사고의 고유성과 적절성을 토대로 하여 새로운 환경은 물론 일상생활에서도 보다 독창적으로 사태를 받아들이고 효율적으로 일을 수행하도록 하는 태도의 근간이 된다.[69] 다섯째, 정직(Honesty)이란 "어떠한 상황에서도 생각, 말, 행동을 거짓 없이 바르게 표현하여 신뢰를 얻는 것[70]"이다. 정직은 진실하고 공정하게 의사소통하고 행동하는 것으로서 타인과의 관계에서 상호 신뢰와 친밀함의 기초가 되는 중요한 덕목이다.[71] 여섯째, 지혜(Wisdom)란 "내가 알고 있는 지식을 나와 다른 사람들에게 유익이 되도록 사용할 수 있는 능력[72]"이다. 지혜는 사람, 사물, 주변 상황을 포함한 삶 자체에 대해 깊이 이해하고 통찰을 얻기 위해 노력하는 태도다. 지혜는 자기 자신이 깨달음을 얻어 행동하는 태도일 뿐만 아

---

65   Adler, A.(1964). A Collection of Later Writings. In H. L. Ansbacher and R. R. Ansbacher(Eds.). *Superiority and Social Interest.* ,Evanston, IL: Northwestern University Press. 17-52 이영숙(2011). 앞의 책

66   이영숙(2005). 앞의 책

67   이영숙(2005). 앞의 책

68   이영숙(2011). 앞의 책

69   Boden, M. A.(2004). *The Creative Mind: Myths And Mechanisms.* Routledge. 이영숙(2011). 앞의 책

70   이영숙(2005). 앞의 책

71   안범희(2005). 미국학교에서의 인성교육내용 및 특성연구. 강원인문논총, 13, 133-169. 이영숙(2011). 앞의 책

72   이영숙(2005). 앞의 책

니라 타인과 앎을 나누고 소통하는 공동체적 삶을 살아가려는 태도라고 할 수 있다.

다. 한국형 12성품교육의 성품 가치 : 12가지 주제성품

한국형 12성품교육은 공감인지능력과 분별력의 2개 핵심 덕목을 중심으로 총 12가지 성품 가치로 이루어져 있다. 12가지 성품 가치는 두 핵심 덕목을 보다 깊이 있고 명료하게 이해할 수 있도록 개념화한 것으로 성품이라는 하나의 표현 양식을 이룬다. 이는 '한국형 12성품교육의 12가지 주제성품'으로 통칭할 수 있으며 서로 다른 주제를 지니고 있는 주제성품들이 균형과 조화를 이룰 때 바른 성품이 표현될 수 있다. 한국형 12성품교육의 12가지 주제성품은 ① 경청, ② 긍정적인 태도, ③ 기쁨, ④ 배려, ⑤ 감사, ⑥ 순종, ⑦ 인내, ⑧ 책임감, ⑨ 절제, ⑩ 창의성, ⑪ 정직, ⑫ 지혜로 이루어져 있다.

1) 경청

경청은 "상대방의 말과 행동을 잘 집중하여 들어 상대방이 얼마나 소중한지 인정해 주는 것[73]"이다. 경청은 대화 상황에서 타인의 말에 귀 기울이고 행동에 집중하는 태도를 말한다. 백미숙(2006)[74]에 따르면 언어적 요소에 중점을 둔 '듣기' 행위와 달리 경청은 언어와 비언어적 요소 모두에 관심을 기울이는 것이라고 할 수 있다. 또한 경청은 관심의 집중과 함께 언어적·비언어적으로 타인에게 반응을 보이는 것을 포함하는 태도이다. 여기서 반응이

---

73   이영숙(2005). 앞의 책
74   백미숙(2006). 의사소통적-치료적 관점에서 듣기와 공감적 경청의 의미. 독일언어문학, 34, 43-45.

라 함은 자신의 기준에 따른 판단이나 평가가 아닌 타인에 대한 진심어린 관심과 공감을 바탕으로 한다.[75] 경청은 타인의 말과 정서를 인식하고 바른 태도를 지니는 것으로서 나의 감정이나 생각을 앞세우기 이전에 타인에게 신뢰를 표현하고 반응하는 태도라고 할 수 있다.

한국형 12성품교육의 주제성품인 경청의 교육 목표는 다음 다섯 가지로 구성된다.[76] 첫째, 경청이 무엇인지 아는 인지능력이 향상된다. 둘째, 타인의 정서에 반응해주고 적절한 자기 정서를 표현할 줄 알게 한다. 셋째, 자신과 타인의 정서를 인식하고 정서적 안정감과 신뢰를 표현해 주는 공감인지능력을 향상시킨다. 넷째, 언어적·비언어적 의사소통능력을 확장하여 언어영역의 발달을 이룬다. 다섯째, 바른 언어·태도를 가질 수 있다. 이러한 목표를 달성하기 위한 교육 내용으로는 '경청이란 무엇인지 정의를 알고 이해한다', '경청의 태도를 구체적으로 알고 생활에 적용한다', '경청할 때 내게 오는 유익이 무엇인지 살펴본다', '경청의 법칙을 배우고 활용한다', '자연 세계 속에 있는 창조물들 중에 경청의 성품을 찾을 수 있는 동물과 인물을 찾아 프로젝트 활동을 전개하는 탐구 활동을 통해 경청의 성품을 모델링한다'의 다섯 가지로 구성한다.

2) 긍정적인 태도

긍정적인 태도는 "어떠한 상황에서도 가장 희망적인 생각, 말, 행동을 선택하는 마음가짐[77]"이다. 긍정심리학의 창시자인 Martin Seligman(2004)[78]

---

75   백미숙(2006). 앞의 책

76   이영숙(2011). 앞의 책

77   이영숙(2006). 앞의 책

78   Seligman, M.(2009). 긍정심리학[*Authentic happiness : using the new positive psychology to realize your potential for lasting fulfil*(2004)]. 김인자 역. 물푸레.

은 자신감이나 희망과 같은 긍정적인 정서는 삶이 편안할 때가 아니라 어렵고 힘든 상황에서 힘을 발휘하는 것이라고 하였다. 중요한 것은 어떤 상황에 놓이든지 자신의 노력을 바탕으로 스스로 긍정적인 감정을 이끌어내는 것이다. 자신이 처한 상황에서 긍정적인 의미를 발견하여 주어진 환경에 반응하는 태도와 목표를 성취해감에 있어 긍정적인 정서 경험을 만들어가는 태도는 개인의 궁극적인 행복에 기여하는 바가 크다.[79] 긍정적인 태도는 어려운 상황에서 스스로 고통을 만들어내며 처지를 비관하는 것이 아니라 주체적으로 대응하며 여유와 희망을 지니려는 마음가짐이다. 이는 자신이 처한 상황에서 최선을 예상하며 의지를 가지고 노력하는 태도라고 할 수 있다.

한국형 12성품교육에서 긍정적인 태도를 함양하기 위해 설정한 교육 목표는 첫째, 긍정적인 태도가 무엇인지 아는 인지능력이 향상된다. 둘째, 긍정적인 자아개념을 형성하고, 갈등을 긍정적인 방향으로 해결한다. 셋째, 건강한 또래 관계와 어른들과의 안정적인 관계 맺기를 통하여 사회성 발달과 정서지능을 향상시킨다의 세 가지로 정리할 수 있다. 이를 위한 교육 내용은 다음 다섯 가지로 구성한다. '긍정적인 태도가 무엇인지 분명한 정의를 알고 이해한다', '긍정적인 태도를 구체적으로 알고 생활에 적용한다', '긍정적인 태도의 유익이 무엇인지 살펴본다', '긍정적인 태도의 법칙을 배우고 활용한다', '자연 세계 속에 있는 창조물들 중에 긍정적인 태도의 성품을 찾아볼 수 있는 동물과 인물을 찾아 프로젝트 활동을 전개하는 탐구 활동을 통해 긍정적인 태도의 성품을 모델링한다'이다.[80]

---

79   현경자(2009). 역경 극복을 돕는 성인 한국인의 긍정성 탐색: 긍정적인 태도 척도 개발과 타당화. 한국심리학회지: 사회 및 성격, 23(2), 13-42.

80   이영숙(2011). 앞의 책

3) 기쁨

기쁨은 "어려운 상황이나 형편 속에서도 불평하지 않고 즐거운 마음을 유지하는 태도[81]"이다. 앞서 살펴 본 긍정적인 태도가 시련이라는 특정한 상황에 기반을 둔 주제성품이라면 기쁨은 일상적인 삶의 상황에서 자기 자신을 스스로 존중하고 신뢰함으로써 존재감을 느끼며 즐겁게 생활하는 태도라고 할 수 있다. 이창봉(2011)[82]은 기쁨은 개인이 에너지와 생명력을 가지고 역동적으로 살아갈 수 있도록 하는 것이라고 보았다. 기쁨을 느끼는 존재는 내면에서 안녕감을 느낄 뿐 아니라 사회적으로도 조화를 이루고 있음을 느끼기 때문에 이를 적극적으로 드러내게 된다.[83] 기쁨은 자기 자신을 있는 그대로 받아들이고 표현하며 즐거움을 느끼는 태도이다. 이때 개인은 스스로를 가치 있는 존재로 느끼고 몸과 마음을 돌보며 에너지를 계속해서 생성해갈 수 있게 된다. 이는 사회 속에서 자신의 건강과 성장을 위해 노력하는 적극적인 삶의 태도로까지 이어질 수 있다.

한국형 12성품교육에서 기쁨의 교육 목표는 첫째, 기쁨의 정의가 무엇인지 아는 인지능력이 향상된다. 둘째, 자아이해 발달 및 정체성을 형성하고, 자기 존중감이 발달된다. 셋째, 자신의 장점과 강점을 개발할 수 있다. 넷째, 갈등을 적극적으로 참여하여 해결하려고 노력하는 태도를 갖고 타인에 대한 안정적인 관계형성을 이룰 줄 알게 한다. 다섯째, 질서를 존중하고 사회성 발달을 이루는 것이다. 기쁨의 교육 내용으로는 '기쁨이 무엇인지 분명한 정의를 알고 이해한다', '기쁨의 태도를 구체적으로 알고 생활에 적용한다', '기쁨의 법칙을 알고 활용한다', '자연 세계 속에 있는 창조물들 중에 기쁨

---

81   이영숙(2006). 앞의 책

82   이창봉(2011). 은유를 통한 '기쁨'의 이해. 가톨릭대학교 인간학연구소. 인간연구, 20, 197-229.

83   Kovecses, Z.(1991). Happiness: A Definitional Effort. *Metaphor and Symbolic Activity*, 6, 29-46.
      Mark Johnson. 이영숙(2011). 앞의 책

의 성품을 찾아볼 수 있는 동물과 인물을 찾아 프로젝트 활동을 전개하는 탐구 활동을 통해 기쁨의 성품을 모델링한다'의 네 가지가 있다.[84]

4) 배려

배려는 "나와 다른 사람 그리고 환경에 대하여 사랑과 관심을 갖고 잘 관찰하여 보살펴 주는 것[85]"이다. 김민성(2009)[86]은 배려란 관계 상황에서 발휘되는 태도로서 '도와주거나 보살펴주려고 마음을 씀'이라는 마음 상태와 '관심과 정성으로 보살피며 돕는 일'이라는 행위가 포함된 태도라고 말한다. 이는 타인의 정서를 인식하여 진심으로 마음을 씀과 동시에 그러한 상황에 맞게 말하고 행동하는 노력도 필요함을 뜻한다. 그에 따르면 배려는 관계에서 "타인을 있는 그대로 수용하고 그들의 처지와 필요에 반응하는 것, 그리고 상대방의 성장과 발전을 위한다[87]"는 측면을 함의하고 있는 태도이다. 배려의 태도를 갖춤에 있어 개인은 타인을 또 다른 인격적인 존재로 수용하는 것이 필요하다. 타인의 정서와 처지를 먼저 고려하고 필요에 기꺼이 응하는 태도는 '배려 관계'로의 발전을 도모할 수 있게 한다.[88]

이러한 태도의 함양을 위한 한국형 12성품교육의 배려 교육 목표는 다음 네 가지이다.[89] 첫째, 배려가 무엇인지 아는 인지능력이 향상된다. 둘째, 인간, 사물, 환경 탐색하기, 원인과 결과 알기, 문제 해결하기, 관찰 및 정보 수집하기를 통한 인지능력이 발달된다. 셋째, 자신과 타인에 대한 정서 인식

---

84   이영숙(2011). 앞의 책

85   이영숙(2006). 앞의 책

86   김민성(2009). 교수-학습 상황에서 '배려'의 개념화와 교육적 의미. 교육심리연구, 23(3), 429-458.

87   김민성(2009). 앞의 책

88   김민성(2009). 앞의 책

89   이영숙(2011). 앞의 책

과 반응하는 능력 향상, 상황이나 대상에 맞는 정서 반응하기와 조절하여 표현하는 능력을 키워 사회성 향상 및 정서능력이 향상된다. 넷째, 다른 사람의 필요를 도와줄 수 있는 자아 효능감 개발로 인한 자존감이 향상된다. 교육 내용으로는 '배려가 무엇인지 분명한 정의를 알고 이해한다', '배려의 태도를 구체적으로 알고 생활에 적용한다', '배려의 유익이 무엇인지 살펴본다', '배려의 법칙을 배우고 활용한다', '자연 세계 속에 있는 창조물들 중에 배려의 성품을 찾아볼 수 있는 동물과 인물을 찾아 프로젝트 활동을 전개하는 탐구 활동을 통해 배려의 성품을 모델링한다'의 다섯 가지로 구성한다.

5) 감사

감사는 있는 그대로의 삶과 자기 자신에 대한 충만함을 느끼는 태도로서 삶에 대한 감사뿐 아니라 "다른 사람이 나에게 어떤 도움이 되었는지 인정하고 말과 행동으로 고마움을 표현하는 것[90]"이다. 추병완(2015)[91]에 의하면 감사는 사람들이 자신의 삶에 만족할 수 있도록 이끌고 타인에 대한 관점을 확장시켜 윤리적인 관계를 맺도록 하는 데 기본이 되는 태도이다. 인간의 삶은 상호작용을 바탕으로 하기에 감사를 경험하고 표현하는 것은 건설적인 삶을 영위해가는 중요한 방법이 된다. 감사는 자신의 삶에서 좋음을 발견하고 자신을 둘러싼 사람과 환경에 대해 적극적으로 반응해가는 것이라고 할 수 있으며 정신적·신체적·사회적 건강을 도모하는 역할을 할 수 있다.[92] 타인의 도움이나 지지에 대한 고마움을 느끼고 말과 행동으로 표현하는 태도는 상호간의 신뢰를 구축할 뿐 아니라 개인의 정서적 안정감을 형성하는 데

---

90   이영숙(2006). 앞의 책

91   추병완(2015). 감사 연습의 도덕교육적 의의. 초등도덕교육, 47, 29-55.

92   추병완(2015). 앞의 책

도 영향을 준다.

한국형 12성품교육에서 감사의 교육 목표는 첫째, 감사가 무엇인지 아는 인지능력이 향상된다.[93] 둘째, 원인과 결과를 탐색해보고 알아가는 과정에서 감사라는 창의적인 감정을 발견하여 표현해 보는 인지와 언어가 발달된다. 셋째, 언어적, 비언어적 의사소통 활용방법을 터득해보는 언어가 발달된다. 넷째, 감사를 표현해 봄으로써 얻게 되는 타인에 대한 신뢰감 형성과 정서적 안정감을 형성한다. 마지막으로 타인의 정서를 인식해 보고 자기 정서를 표현해 보는 사회성이 발달된다는 다섯 가지 목표로 요약된다. 이어서 교육 내용으로는 '감사가 무엇인지 분명한 정의를 알고 이해한다', '감사의 태도를 구체적으로 알고 생활에 적용한다', '감사의 유익이 무엇인지 살펴본다', '감사의 법칙을 배우고 활용한다', '자연 세계 속에 있는 창조물들 중에 감사의 성품을 찾아볼 수 있는 동물과 인물을 찾아 프로젝트 활동을 전개하는 탐구 활동을 통해 감사의 성품을 모델링한다'의 다섯 가지가 있다.

6) 순종

순종은 "나를 보호하고 있는 사람들의 지시에 좋은 태도로 기쁘게 따르는 것[94]"이다. 과거에는 순종이 효(孝)의 맥락에서 부모와 자식 간의 도리로 이해되는 것이 일반적이었다. 그러나 현대 사회로 오면서 가족의 개념이 변화함에 따라 순종의 개념도 확장되어 광의적 의미를 띠게 되었다. 오늘날 가족은 혈연으로 이루어진 관계뿐 아니라 사회망으로서의 인간관계, 즉 일상생활에서 서로 신뢰하고 보살피는 관계를 맺고 있는 모든 사람을 포함하는

---

93   이영숙(2011). 앞의 책
94   이영숙(2007). 앞의 책

개념으로 이해된다.[95] 그에 따라 순종도 과거에는 부모나 스승에 대한 태도로 규정되었던 것에서 현재는 자신을 돌보고 보호해주는 사람, 멘토 등 생활 영역에서 관계를 맺고 있는 사람들에게 예의를 갖추는 태도로 이해될 수 있다. 자신을 돌보고 보호해주는 사람들을 한 사람의 인간으로 존중하고 따르면서 그들의 지지와 조언에 열린 태도를 갖고 받아들이는 것이다.

한국형 12성품교육은 순종의 교육 목표는 첫째, 부모, 교사, 법과 질서 등 자신을 보호하고 있는 대상과의 관계에서 공감인지능력을 계발한다. 둘째, 지시에 순응하는 태도를 통해 자신을 보호하는 능력을 키우고 지혜롭게 대인 관계를 발전시키는 사회성이 발달한다. 셋째, 사회정서능력을 함양하고, 자기통제능력이 발달한다. 넷째, 자기정서 인식 및 표현능력이 향상되는 것이다. 이를 위한 교육 내용으로는 '순종이란 무엇인지 정의를 알고 이해한다', '순종의 대상이 누구인지 알고 분별하는 능력을 키운다', '순종할 때 내게 오는 유익이 무엇인지 살펴본다', '순종의 좋은 태도가 무엇인지 구체적으로 배우고 실천한다', '순종하기 어려운 지시일 때 YES법칙을 사용하여 지혜롭게 관계를 깨뜨리지 않으면서 자신의 생각을 말하는 태도를 배운다', '자연 세계 속에 있는 창조물들 중에 순종의 성품을 찾을 수 있는 동물과 인물을 찾아 프로젝트 활동을 전개하는 탐구 활동을 통해 순종의 성품을 모델링한다'의 다섯 가지로 구성한다.[96]

7) 인내

한국형 12성품교육의 두 번째 핵심 덕목인 분별력의 주제성품으로서 인

95   장임다혜(2007). 혈통 중심에서 생활공동체로의 가족 개념의 변화에 대한 모색-가족법, 건강가정기본법, 저출산고령사회기본법 및 기본계획-. 공익과 인권, 4(1), 101-124.

96   이영숙(2011). 앞의 책

내는 "좋은 일이 이루어질 때까지 불평 없이 참고 기다리는 것[97]"이며 괴롭고 어려운 상황에서 불평하기보다 감내하는 태도라고 할 수 있다. 그러나 이는 어떤 상황에 처하든지 단순히 욕망을 참고 견디라는 강요의 의미가 아니라 반성적 사고를 통해 상황을 받아들이는 태도에 가깝다. 임병덕(2013)[98]은 인내는 삶을 성숙하게 살아가기 위한 덕의 하나로 "덕으로서의 인내는 개인 자신의 자유로운 의지와 무엇을 위하여 어떤 경우에 어느 정도로 인내해야 하는가에 관한 인식, 더 나아가 자신의 삶이 지향하는 목적과 자신이 처한 상황에 대한 인식[99]"을 담고 있는 개념이다. 이는 견디기 힘든 상황에서도 목적의식을 가지고 행동하는 태도로서 즉각적인 만족보다 장기적인 성장을 추구하는 태도라고 할 수 있다.

인내의 교육 목표는 두 가지로 첫째, 즉각적인 만족보다 장기적인 만족을 추구할 수 있는 자기 통제 능력을 향상시킨다. 둘째, 좋은 일이 이루어질 때까지 참아낼 수 있는 분별력을 키워 더 큰 만족과 행복을 키울 수 있는 능력을 갖게 한다로 요약할 수 있다. 인내의 교육 내용은 '인내가 무엇인지 분명한 정의를 알고 이해한다', '인내의 태도를 구체적으로 알고 생활에 적용한다', '인내할 때 내게 오는 유익이 무엇인지 살펴본다', '인내의 법칙을 배우고 활용한다', '자연 세계 속에 있는 창조물들 중에 인내의 성품을 찾아볼 수 있는 동물과 인물을 찾아 프로젝트 활동을 전개하는 탐구 활동을 통해 인내의 성품을 모델링한다'의 네 가지로 구성한다.[100]

---

97   이영숙(2007). 앞의 책

98   임병덕(2013). 교육의 목적으로서의 인내: 키에르케고르의 관점. 도덕교육연구, 25(3), 1-17.

99   임병덕(2013). 앞의 책

100   이영숙(2011). 앞의 책

8) 책임감

책임감은 "내가 해야 할 일들이 무엇인지 알고 끝까지 맡아서 잘 수행하는 태도[101]"를 일컫는다. 성품 가치로서의 책임감은 도덕적 의미를 내포하고 있는 것으로 행위의 결과에 대한 책임뿐 아니라 자기 자신이 선택한 행위의 의미에 대해 생각하며 행동하는 태도라고 할 수 있다. 김태훈(2014)[102]에 따르면 책임은 개인이 행동에 앞서 스스로의 책임을 알고 무엇을 어떻게 행동할 것인지 인지하는 것이다. 나아가 자신이 감당해야 하는 책임의 선이 어디까지인지 명료화하고 문제가 생길 경우 그것을 극복하는 데까지 이어진다. 책임은 개인의 가치관에 따른 가치 실현이라고 할 수 있으며 동시에 공동체에서 사람들과 인격적인 관계를 쌓는 자기존재의 중요한 기반이 된다. 책임은 끊임없는 자기성찰과 반성, 노력을 통해 계발되는 것이며 이타성을 함양하고 도덕의무를 이행하는 삶을 이루는 근간이 되는 것이라고 할 수 있다.[103]

책임감의 교육 목표는 첫째, 책임감이 무엇인지 아는 인지능력이 발달된다. 둘째, 내가 무엇을 해야 하는지를 아는 자아이해력과 정체성이 향상된다. 셋째, 맡은 일을 끝까지 완수함으로써 자신과 타인에 대한 신뢰감을 형성한다. 넷째, 해야 할 일과 하지 말아야 할 일을 분별할 수 있는 도덕적 분별력이 향상된다로 정리할 수 있다. 이러한 목표 달성을 위한 교육 내용은 '책임감이 무엇인지 분명한 정의를 알고 이해한다', '책임감의 태도를 구체적으로 알고 생활에 적용한다', '책임감의 유익이 무엇인지 살펴본다', '책임감의 법칙을 배우고 활용한다', '자연 세계 속에 있는 창조물들 중에 책임감의 성품을 찾아볼 수 있는 동물과 인물을 찾아 프로젝트 활동을 전개하는 탐구 활

---

101   이영숙(2007). 앞의 책

102   김태훈(2014). '책임' 덕목에 관한 연구. 도덕윤리과교육, 43, 1-19.

103   김태훈(2014). 앞의 책

동을 통해 책임감의 성품을 모델링한다'의 다섯 가지 내용으로 구성한다.[104]

9) 절제

절제는 "내가 하고 싶은 대로 하지 않고 꼭 해야 할 일을 하는 것[105]"으로, 순간적인 감정이나 충동에 기계적으로 반응하지 않고 멈추어 생각하는 태도이다. 이는 순간적으로 생겨나는 자신의 정서를 인식하고 올바르게 자신의 감정을 표현하는 것이며 나아가 일상적인 생활 습관, 태도에 대해서도 반성적으로 사고하고 성찰하는 태도라고 할 수 있다. 박순덕과 변순용 (2015)[106]은 많은 사람들이 절제라는 가치에 대해 동의하면서도 실제로 실천하지 못하는 삶을 살고 있는 점을 지적하며 절제 개념에 대한 숙고가 필요하다고 지적한다. 절제는 하나의 신념으로 받아들여져야 하는 것으로서 자신의 욕구나 생각들에 대해 검토하고 삶을 실천적으로 변화시켜나가는 태도의 하나이다.[107]

한국형 12성품교육이 달성하고자 하는 절제의 교육 목표는 첫째, 자신의 정서를 인식하고 올바르게 감정을 표현하는 능력을 키운다, 둘째, 감정 조절 및 충동을 억제하는 능력을 키운다, 셋째, 양심의 기능을 살려 옳은 것을 선택할 수 있는 분별력을 키운다의 세 가지 목표로 정리할 수 있다. 교육 내용은 '절제가 무엇인지 분명한 정의를 알고 이해한다', '절제의 태도를 구체적으로 알고 생활에 적용한다', '절제의 법칙을 알고 활용한다', '자연 세계 속에 있는 창조물들 중에 절제의 성품을 찾아볼 수 있는 동물과 인물을 찾아 프로

---

104 이영숙(2011). 앞의 책

105 이영숙(2007). 앞의 책

106 박순덕, 변순용(2015). 소크라테스식 개념 분석에 대한 연구-『카르미데스』에 나타난 절제 개념을 중심으로. 한국초등교육, 26(1), 211-224.

107 박순덕, 변순용(2015). 앞의 책

젝트 활동을 전개하는 탐구 활동을 통해 절제의 성품을 모델링한다'의 네 가지 내용으로 구성한다.[108]

10) 창의성

창의성은 "모든 생각과 행동을 새로운 방법으로 시도해 보는 것[109]"이다. 창의성은 개인이 일을 수행한 결과에 전적으로 의존하는 것이 아니라 과정을 통해 드러나는 것으로 연구 관점이나 학문 영역에 따라 그 개념이 다르게 이해되기도 한다.[110] 한국형 12성품교육에서 성품 가치로 강조하는 창의성은 기본적으로 문제 상황을 다각도에서 인식하며 새롭고 독창적인 방법으로 해결하려는 태도이다. 이는 자신에게 주어진 문제나 과업뿐 아니라 일상적인 사물, 사건에 대해서도 궁극적인 관심을 가지고 의문을 제기하여 다양한 생각을 전개하는 태도라고 할 수 있다. 창의성은 이론적 학습의 결과로 얻어지는 능력이라기보다 '일상생활에서 창의적 사고하기'를 실천하는 태도라고 할 수 있다.[111] 새로운 지식이나 정보에 열린 자세로 반응하며 자기 고유의 생각과 방법들을 찾고 적용해봄으로써 삶 자체를 새롭게 만들어가는 것이다.

창의성의 교육 목표는 첫째, 매일 접하고 있는 상황 속에서 새로운 생각과 방법들을 찾아본다. 둘째, 많은 새로운 생각들 중에서 나와 다른 사람에게 유익이 되는 것들을 선택하는 분별력을 키운다로 요약할 수 있다. 교육 내용은 '창의성이 무엇인지 분명한 정의를 알고 이해한다', '창의성의 태도를 구체적으로 알고 생활에 적용한다', '창의성의 유익이 무엇인지 살펴본다',

---

108 이영숙(2011). 앞의 책

109 이영숙(2007). 앞의 책

110 이선영(2014). 창의성 계발과 교육을 위한 이론적 모형 탐색, 교육심리연구, 28(2), 353-369.

111 서현아, 최남정(2012). '일상생활에서 창의적 사고하기'를 통한 창의성 교육의 개발과 효과검증. 창의력교육연구, 12(1), 127-154.

'창의성의 법칙을 배우고 활용한다', '자연 세계 속에 있는 창조물들 중에 창의성의 성품을 찾아볼 수 있는 동물과 인물을 찾아 프로젝트 활동을 전개하는 탐구 활동을 통해 창의성의 성품을 모델링한다'의 다섯 가지 내용으로 구성한다.[112]

11) 정직

정직은 "어떠한 상황에서도 생각, 말, 행동을 거짓 없이 바르게 표현하여 신뢰를 얻는 것[113]"이다. 장희선과 문용린(2012)[114]은 우리나라의 경우 전통적 가치를 추구하는 유교 문화의 영향 하에 있기 때문에 어떤 경우에서든 정직해야 한다는 태도와 정(情), 효(孝), 충(忠), 의(義) 등의 전통적 가치 사이에 갈등이 발생하는 경우가 많다고 하였다. 이는 옳고 그름, 사실과 거짓 등을 인지하고 합리적으로 따르려는 신념과 그에 반하는 일이 생겼을 때에도 인간관계를 옹호하려는 온정주의 사이의 갈등을 말한다. 이 경우 대체로 한국인은 자신이 속한 집단을 보호하고 행위를 정당화하기 위해 전통적 가치를 명목으로 삼는 경향을 보인다.[115] 그러나 이러한 행동은 사람들이 전통적 가치를 올바르게 이해하고 실천한 결과라기보다는 관계주의 문화의 인습에 대해 성찰하지 못하고 비합리적인 행위를 한 것이라 볼 수 있다. 정직을 교육함에 있어서는 문제 상황에서도 양심에 따라 있는 그대로 정직하게 말하고 행동할 수 있도록 하는 것이 중요하며 자신의 생각이나 행동을 꾸밈없이 바르게 표현할 수 있도록 해야 할 것이다.

---

112 이영숙(2011). 앞의 책

113 이영숙(2007). 앞의 책

114 장희선, 문용린(2012). 정직과 전통적 가치의 갈등 상황에서 행동 선택과 정당화 방식 분석. 교육심리연구, 26(4), 951-982.

115 장희선, 문용린(2012). 앞의 책

한국형 12성품교육에서는 정직 교육을 위해 첫째, 갈등이 있는 상황 그 대로 정직하게 말하고 행동하는 표현능력을 키우고, 둘째, 양심의 기능을 살려 도덕적인 가치를 선택할 수 있는 분별력을 키우는 것을 교육 목표로 한다. 교육 내용으로는 '정직이 무엇인지 분명한 정의를 알고 이해한다', '정직의 태도를 구체적으로 알고 생활에 적용한다', '정직의 유익이 무엇인지 살펴본다', '정직의 법칙을 배우고 활용한다', '자연 세계 속에 있는 창조물들 중에 정직의 성품을 찾아볼 수 있는 동물과 인물을 찾아 프로젝트 활동을 전개하는 탐구 활동을 통해 정직의 성품을 모델링한다'로 구성한다.[116]

12) 지혜

지혜는 삶의 사태나 경험에 대한 반성적 사고를 통해 이치를 깨닫고 "내가 알고 있는 지식을 나와 다른 사람들에게 유익이 되도록 사용할 수 있는 능력[117]"을 일컫는다. 김기수(1997)[118]가 분석한 아리스토텔레스의 '실천적 지혜' 개념에 따르면 지혜는 지식과 달리 경험과 실천을 통해 행해지는 것이다. 지혜로운 사람은 자신이 처한 상황, 삶에 대해 늘 살피며 그 과정과 결과에 대해 생각하는 사람이다. 끊임없는 사고(思考)로부터 인간이 실천의 덕을 쌓아갈 때 좋은 성품도 갖추어 가게 된다.[119] 자신의 앎, 경험을 타인과 나누고 성찰하며 지속적으로 성장해나가려는 태도인 지혜는 배움이 즐거운 것이라는 것을 체험하며 공동체 속에서 주체적으로 살아가는 태도라고 할 수 있다.

한국형 12성품교육의 지혜 교육 목표는 첫째, 배움이 즐거운 것이라는

---

116 이영숙(2011). 앞의 책

117 이영숙(2007). 앞의 책

118 김기수(1997). 아리스토텔레스의 '실천적 지혜'와 교육의 실제. 교육철학, 17, 9-27.

119 김기수(1997). 앞의 책

것을 체험하게 하여 필요한 지식과 정보를 자신의 것으로 만들어가는 방법들을 터득하게 한다. 둘째, 자신이 갖고 있는 지식들이 나와 다른 사람들에게 유익하게 사용될 수 있도록 선택하는 분별력을 키우는 것이다. 교육 내용은 '지혜가 무엇인지 분명한 정의를 알고 이해한다', '지혜의 태도를 구체적으로 알고 생활에 적용한다', '지혜의 유익이 무엇인지 살펴본다', '지혜의 법칙을 배우고 활용한다', '자연 세계 속에 있는 창조물들 중에 지혜의 성품을 찾아볼 수 있는 동물과 인물을 찾아 프로젝트 활동을 전개하는 탐구 활동을 통해 지혜의 성품을 모델링한다'의 다섯 가지 내용으로 구성한다.[120]

라. 한국형 12성품교육의 12가지 주제성품과 KEDI 인성검사의 인성 덕목 비교

지금까지 살펴 본 한국형 12성품교육의 12가지 주제성품은 한국형 12성품교육만의 특색이 반영된 것이며 동시에 내용면에서는 기존의 다른 인성 연구에서 제시된 인성 덕목들을 포함하고 있다. 다음에서는 우리나라에서 실시된 인성교육 연구 중 교육부에서 실시한 '초·중등 학생 표준화 인성검사(KEDI 인성검사) 개발 연구(2013. 9. ~ 2014. 7.)[121]'의 내용을 한국형 12성품교육과 비교하여 살펴보고자 한다. 구체적으로는 한국형 12성품교육의 12가지 주제성품에서 제시한 12개 성품 가치와 KEDI 인성검사에서 제시하는 인성 덕목의 유사성과 차이점을 검토해본다.

---

120   이영숙(2011). 앞의 책

121   교육부 위탁으로 한국교육개발원에서 수행한 인성검사 도구 및 매뉴얼 개발 연구로서 2015년부터 학교 현장에서 활용될 예정이다(한국교육개발원 보도자료, 2014. 8. 19).

〈표 II-1〉 KEDI 인성검사의 인성 덕목

연번	인성 덕목	구성 내용
1	자기존중	자기존중, 자기효능
2	성실	인내(끈기), 근면성
3	배려 · 소통	타인이해 및 공감, 친절성, 대인관계 및 의사 소통능력
4	(사회적)책임	책임성, 협동심, 규칙이행
5	예의	효도, 공경
6	자기조절	자기통제(감정, 충동, 행동), 신중성
7	정직 · 용기	정직성, 솔직성, 용감성
8	지혜	개방성, 판단 및 의사결정능력, 안목
9	정의	공정, 공평, 인권존중
10	시민성	애국심, 타문화이해, 세계시민의식

　　교육부는 인성에 대한 개념을 정립하고 학생의 인성 수준을 파악하기 위해 표준화된 검사 도구인 'KEDI 인성검사'를 개발하였으며 이를 지속적으로 수정·보완하겠다고 밝혔다(한국교육개발원 보도자료, 2014. 8. 19). KEDI 인성검사에서 제시한 인성 덕목은 자기존중, 성실, 배려·소통, (사회적)책임, 예의, 자기조절, 정직·용기, 지혜, 정의, 시민성의 총 10개로 이루어져있다.[122] 각 인성 덕목의 구체적인 의미는 다음 표의 '구성 내용'에 해당하는 하위 요인들을 바탕으로 조작적으로 정의된다. 이는 학계의 인성교육 전문가, 교사, 학부모, 학생으로 이루어지는 학교 구성원들의 의견을 종합하여 검토한 결과로서 교육 현장에서 실제로 요구되는 덕목과 역량들을 반영한 것이다.[123]

122　현주, 한미영, 임소현(2015). 한국 초·중등학생을 위한 인성검사 개발 및 타당화. 한국심리학회지: 사회 및 성격, 29(1), 83-106.

123　현주, 한미영, 임소현(2015). 앞의 책

〈표 II-2〉 이영숙 박사의 한국형 12성품교육의 12가지 주제성품과 KEDI 인성 덕목의 비교

연번	이영숙 박사의 한국형 12성품교육의 12가지 주제성품	KEDI 인성 덕목
1	경청	배려 · 소통
2	긍정적인 태도	자기존중
3	기쁨	자기존중
4	배려	배려 · 소통
5	감사	배려 · 소통, 예의
6	순종	예의
7	인내	성실
8	책임감	(사회적)책임
9	절제	자기조절
10	창의성	-
11	정직	정직 · 용기, 정의
12	지혜	지혜

현주 외(2015)는 이와 함께 각 인성 덕목별로 세부 문항을 개발하여 총 70개의 문항으로 이루어진 KEDI 인성검사를 제시하였다.[124] 10개 인성 덕목을 설명하는 '구성 내용'과 각각의 하위 요인(문항)들을 기초 자료로 앞서 논의한 한국형 12성품교육의 12가지 주제성품의 내용을 비교 검토하면 〈표 II-2〉와 같이 표로 정리할 수 있다.

먼저 ①경청은 KEDI 인성 덕목의 세 번째 덕목인 '소통'과 내용적으로 관련되어 있다. '소통'을 구성하는 내용 중 타인이해 및 공감, 대인관계 및 의사 소통능력에 관한 부분은 한국형 12성품교육의 주제성품인 경청의 이론

---

124   전체 문항은 부록 참조.

적 배경을 이룬다. ②긍정적인 태도와 ③기쁨은 KEDI 인성검사에서 '자기존중'을 구성하는 두 하위요인, 자기효능, 자기존중과 각각 의미가 상통한다. ②긍정적인 태도는 첫 번째 덕목인 '자기존중'의 하위 요인 중에서 자기효능, 낙관성에 해당하는 부분이다. 한국형 12성품교육에서 제시하는 주제성품으로서의 긍정적인 태도는 특정 상황에 직면했을 때 행동을 수행함에 있어서의 효능감에 초점을 두고 있다. KEDI 인성검사에서는 이를 인성 덕목의 하위 요인으로 제시하였으나 한국형 12성품교육에서는 이를 독립된 주제성품으로 구분하여 강조한다. ③기쁨 역시 '자기존중'과 관련되며 한국형 12성품교육에서 주제성품의 하나로 구분되어 있다. 긍정적인 태도가 상황 기반 태도인 반면 기쁨은 삶의 전반에 있어 자기 자신을 있는 그대로 받아들이고 존재 자체를 소중히 하는 자기존중의 태도라고 할 수 있다.

한국형 12성품교육에서는 이처럼 '자기 자신', '나'로서의 성품 태도를 강조하는데, 이는 우리나라의 관계주의 문화 특성을 보완하기 위함이다. '나'보다 타인, 집단을 강조해 온 사회적 배경으로 인하여 한국인은 '우리', 즉 '나-타인/사회'의 관계맺음에는 익숙하지만 자기 자신과의 관계맺음에는 어려움을 느끼는 경향이 있다.[125] 이에 한국형 12성품교육에서는 사람들이 자기 자신에 대해 알고 스스로를 존중하는 태도를 일깨워 성품에 있어서의 균형과 조화를 추구하고자 한 것이다. 생각과 감정, 행동 면에서의 궁극적인 변화를 통해 '바른 성품'을 지닌 개인들이 서로 '바른 표현'을 해나갈 때 비로소 진정한 '우리'의 관계맺음도 이루어질 수 있다.

다음으로 ④배려는 KEDI 인성 덕목의 세 번째 덕목인 '배려'와 동일한 개념적 맥락을 지닌다. 이어서 ⑤감사는 '배려·소통'의 하위 요인 중 친절성, 대인관계 및 의사 소통능력과 관련이 있다. 또한 '예의'의 하위 요인(문항) 중

---

125 이영숙(2011). 앞의 책

'보호자에 대한 감사'를 포함해 자신을 둘러싼 사람들, 주어진 환경에 대한 감사 체험과 표현을 반영하여 보다 넓은 개념의 감사 태도라고 할 수 있다. ⑥순종은 '예의' 덕목과 같이 보호자에 대한 효도와 어른, 멘토에 대한 공경의 가치를 강조한 개념이다.

⑦인내는 인내, 근면성을 포함하는 '성실' 덕목과 내용이 부합되며, ⑧책임감은 책임성, 협동심, 규칙이행을 하위 요인으로 하는 '(사회적)책임'과 내용면에서 동일하다. ⑨절제는 '자기조절'과 관련되며 감정·충동·행동을 스스로 인식하고 통제할 수 있는 태도이다. ⑩창의성은 KEDI 인성 덕목에서 제시되지 않은 내용으로 한국형 12성품교육에서 강조하고 있는 태도 중 하나이다. 한국형 12성품교육의 주제성품으로서의 창의성은 문제해결뿐만 아니라 일상적 삶에 있어서 스스로 자신의 사고방식을 검토하고 끊임없이 의식을 확장시켜 나가는 것을 뜻한다. 성품교육이 인간의 생각, 감정, 행동 영역에서 총체적인 변화와 성장을 추구하는 것이라고 할 때, 창의성은 변화의 동력이 되는 궁극적인 사고 태도라고 할 수 있다. 이러한 맥락에서 한국형 12성품교육에서는 창의성을 인간이 함양해야 할 중요한 주제성품으로 제시하고 있는 것이다. 이어서 ⑪정직은 '정직·용기'에서 제시하는 정직성, 솔직성, 용감성을 뜻한다. 한국형 12성품교육에서 정직은 심정 논리가 아닌 합리성과 양심을 신념으로 하여 생각하고 행동하는 태도이다. 이는 KEDI 인성 덕목 중 공정함, 공평함, 인간의 기본 권리에 대한 존중을 뜻하는 '정의'와도 내용면에서 연결되는 것으로 볼 수 있다. 한국형 12성품교육의 마지막 주제성품인 ⑫지혜는 개방성과 안목 그리고 이를 통한 의사결정능력을 포함하고 있어 KEDI 인성 덕목의 '지혜'와 유사한 맥락을 지닌다.

위의 표에서 한국형 12성품교육의 12가지 주제성품과 KEDI 인성 덕목을 내용면에서 대응시켜 보았을 때, 직접 대응되지 않는 덕목이 '시민성'이다. 현주 외(2015)에 의하면 시민성은 애국심, 타문화이해, 세계시민의식이라는 세 개 하위 요인으로 구성된 개념으로 세부 문항은 다음과 같다.

〈표 II-3〉 KEDI 인성검사 중 '시민성' 문항

연번	문항 내용
1	나는 태극기, 무궁화, 애국가 등 우리나라를 상징하는 것을 소중히 여긴다.
2	나는 우리나라의 문화와 역사가 자랑스럽다.
3	나는 다문화 친구의 문화를 이해하려고 노력한다.
4	나는 다른 나라나 문화에 대한 관심이 많다.
5	기회가 된다면, 나는 어려운 지구촌 아이들을 돕기 위해 용돈이나 물품 등을 기부하고 싶다.
6	나는 외국인 노동자들도 인간으로서의 기본적인 권리를 누려야 한다고 생각한다.
7	나는 세계의 공동문제(환경, 인권, 빈곤, 세계평화 등)에 관심이 있다.
8	나는 집단(예: 학급, 학교, 국가 등)의 이익을 위해 내 이익을 양보할 수 있다.

문항 내용에 의하면 '시민성'은 한국 국적을 가지고 한국에 거주하고 있는 사람이 갖추어야 할 인성 덕목을 뜻함을 알 수 있다. 여기에서 나타난 시민성은 대한민국 국민으로서 한국의 상징과 문화, 역사에 대한 자부심을 가지는 동시에 타문화에 관심을 가지고 세계 시민으로 살아가는 태도를 의미한다. 대한민국 국민인 '나'의 입장에서 한국이 아닌 다른 나라의 국적을 지녔거나 유전적·문화적 배경이 다른 사람들과 어울려 삶을 살아가는 데 필요한 태도를 일컫는 것이다. KEDI 인성검사가 우리나라 초·중등학생을 대상으로 인성을 파악하고 교육하는 것을 목적으로 개발된 것임을 고려하면[126] 이는 타당하다고 할 수 있다.

---

126 현주, 한미영, 임소현(2015), 앞의 책

그러나 이와 달리 한국형 12성품교육은 교육의 대상을 혈통, 인종, 국적의 기준에 국한시키지 않는다.[127] 한국형 12성품교육에서 '한국인'은 한국의 문화와 정서적 특징을 지닌 인간으로 정의되며 이는 한국 국적의 사람들, 재외 한국인, 북한 동포, 한국에 거주하는 다문화권 사람들 그리고 한국의 심리적·감정적 특성을 지닌 사람 모두를 포괄하는 개념이다. 따라서 KEDI 인성 덕목인 '시민성'의 덕목에서 제시하는 세계인으로서의 태도는 한국형 12성품교육의 이론적 틀 저변에 포함되어 있다고 할 수 있으며 내용면에서 한국형 12성품교육의 12가지 주제성품의 근간이 된다. 세계인이 갖추어야 할 덕목으로서의 시민성이란 개인의 판단이나 감정을 넘어 인간 대 인간으로서 사람들이 서로를 있는 그대로의 존재 자체로 존중할 때 발휘되는 것이다. 이는 각 주제성품을 뒷받침하는 태도의 원리라고 할 수 있다.

127   이영숙(2011). 앞의 책

3

국외 인성교육의 특색

가. 일본

일본은 지난 1976년부터 2000년대 초기까지 '유토리(ゆとり, 여유(餘裕)) 교육'을 실시해왔다. 유토리 교육은 지나친 학습 부담과 경쟁 구도, 따돌림, 학교 폭력 등 당대의 청소년 문제의 원인을 교육제도에서 찾으면서 시작된 교육개혁이다.[128] 1970년대 들어서 일본에서는 청소년 문제가 점점 더 심각한 사회 문제로 대두되었고 이는 교육의 황폐화로 이어질 수 있다는 우려를 낳았다. 입시 위주의 주지주의 교육 풍토는 학력을 향상시켰지만 인성이 결여된 사람을 양산해냄으로써 제대로 된 인간을 길러내지 못하고 있다는 것이다.[129]

'유토리 교육'에서 '여유'는 학생, 교사, 학부모를 비롯한 교육관계자 모두의 여유를 포함해 학교와 사회 전체의 여유를 의미한다. 여유는 '살아가는 힘'을 기르기 위한 것으로서 학습자가 스스로 생각하여 자신을 발견하고 가정과 지역사회에서 다양한 체험을 쌓아가는 것을 강조하는 개념이다.[130] 이

---

128   김원중(2012). 한국 인성교육과 일본 유토리 교육 전개과정 비교. 교육이론과 실천, 22, 129-160.

129   김원중(2012). 앞의 책

130   김원중(2012). 앞의 책

는 시간적 여유뿐 아니라 지성적, 감성적 여유를 뜻하는 것으로 그 특징을 정리하면 다음과 같다.[131]

첫째, 여유는 학습자가 주체적인 삶을 영위할 수 있도록 하기 위해서 반드시 필요하다는 인식이다. 자신을 발견하고 스스로 생각하고 판단하고 행동하기 위해서는 발견하는 시간이나 여유, 생각하는 시간이나 여유가 주어지지 않으면 안 된다는 것이다. 여유가 없는 바쁜 생활 가운데에는 자신을 바라보고 생각하는 것이 불가능하고, 따라서 살아가는 힘을 길러가는 것이 곤란하기 때문이다.

둘째, 여유는 학생의 학교생활뿐만이 아니라 가정이나 지역사회 생활에도 필요하다는 인식이다. 여유교육에서는 학습자의 체험 회복이 강조되는데, 이는 가정이나 지역사회 생활에서 여유가 없으면 불가능하다.

셋째, 여유는 학습자들이 자기 스스로의 시간과 활동을 지배하고 자주적, 주체적으로 활동하는 것을 의미한다. 학습자에게 주어지는 여유가 의미 있게 활용되려면 학습자 스스로가 시간과 활동을 지배할 수 있어야 할 뿐만 아니라 자주적, 주체적으로 활동할 수 있어야 한다.

유토리 교육은 학력과 성과 중심의 교육에서부터 탈피해 학습자의 인간성과 개성을 중시하는 새로운 교육 이념이었다.[132] 일본은 30여년간 유토리 교육 체제 하에 학습지도요령을 계속적으로 개정해왔으며 그 내용은 주5일제 실시, 수업시수 감축, 자유재량시간 등으로 다양하다. 교육과정 개정을 통해 학생들은 개개인의 진로, 적성, 흥미에 따라 선택적으로 교과를 이수할

---

131   남경희(1999). 일본의 교육개혁 보고서 상의 '살아가는 힘', 사회과교육학연구, 3, 1-21. 김원중(2012). 앞의 책

132   김원중(2012). 앞의 책

수 있게 되었다. 또한 이에 맞춰 기존의 평가 방식도 변화시켜 상대 평가와 함께 절대평가를 적극적으로 도입하고 나아가 입시 제도와 여러 교육 기본 문제들을 함께 해결하고자 하였다.[133]

그러나 2004년 발표된 OECD 학업성취도 국제비교연구(PISA)에서 일본의 고교 학력 순위가 하락했다는 결과가 나오자 교육계에서는 다시 교과 수업 시수 확보에 대한 필요성이 제기되기 시작하였다. 이에 2006년부터 학력 향상에 교육적 관심이 집중되었으며 기존 유토리 교육의 기조에 더해 2008년 교육과정 개편에 이르게 되었다.[134] 2008년 1월 발표된 교육과정 개편 배경의 특징은 아래와 같다.[135]

첫째, 교육과정 개편의 교육 이념은 '살아가기 위한 힘'을 육성하는 것에 초점을 둔다. 지식기반사회에서 더욱 중요해진 '살아가기 위한 힘'이라는 이념을 계승하고, 이를 지탱하는 기반으로서 '확실한 학력', '풍부한 정서', '건강한 신체'를 조화시킨다.

둘째, 교육과정 개편을 통해 기초적인 지식 · 기능을 습득하고, 사고력 · 판단력 · 표현력 등을 균형 있게 육성한다.

셋째, 개편 교육과정은 도덕교육, 체육 등을 충실하게 운영함으로써 풍부한 정서와 건강한 신체를 육성한다.

유토리 교육에 이은 교육 개혁에서도 일본은 '살아가기 위한 힘'을 여전히 강조하되, '생각', '감정', '행동' 영역의 조화를 내세웠다. 기초 학습 능력 향

---

133 김원중(2012). 앞의 책

134 김원중(2012). 앞의 책

135 윤종혁(2009). 일본의 교육과정 개편과 학교교육 변화. 교육정책네트워크정보센터, 한국교육개발원. 양승실(2012). 창의적 체험활동을 통한 인성교육 활성화방안. 한국교육개발원.

〈표 II-4〉 일본의 인성교육 내용

구분	내용
자기 자신에 관한 것	· 바람직한 생활습관을 몸에 익히고 심신의 건강을 도모, 절도를 지켜 절제하는 마음가짐으로 조화 있는 생활을 한다. · 보다 높은 목표를 지향하고 희망과 용기를 가지고 착실하게 실천하는 강한 의지를 갖는다. · 자율정신을 중요하게 여기고 자주적으로 생각하며 성실하게 실행하고 그 결과에 책임을 진다. · 진리를 사랑하고 진실을 추구하며 이상 실현을 목표로 자기의 인생을 갈고 닦는다. · 자신을 살펴보고 자신의 향상을 도모함과 동시에 개성을 키워 충실한 삶의 방식을 추구한다.
타인과의 관계에 관한 것	· 예의의 의의를 이해하고 때와 장소에 따라 적절하게 언동(言動)한다. · 따뜻한 인간애 정신을 높이고, 다른 사람에 대한 배려심을 갖는다. · 우정의 숭고함을 이해하면서 마음으로 신뢰할 수 있는 친구들과 서로 용기를 북돋아준다. · 남녀는 서로 이성에 대해서 깊이 이해하고 상대의 인격을 존중한다. · 각자의 개성이나 처지를 존중하고 다양한 견해나 사고방식이 있음을 이해하며 관용의 마음으로 겸허하게 배운다. · 많은 사람의 선의나 뒷받침으로 일상생활이나 현재의 자신이 있음을 감사하며 이에 보답한다.
자연이나 숭고한 것과의 관계에 관한 것	· 생명의 고귀함을 이해하고 무엇과도 바꿀 수 없는 나와 다른 사람의 생명을 존중한다. · 자연을 애호하며 아름다운 것에 감동하는 풍요로운 마음가짐, 인간의 힘을 초월한 것에 대한 깊은 외경심을 갖는다. · 인간에게는 나약함과 추함을 극복하는 강인함과 고상함이 있음을 믿고, 인간으로서 살아가는 것에 즐거움을 찾도록 노력한다.
집단이나 사회와의 관계에 관한 것	· 법이나 규율의 의의를 이해하고 준수함과 동시에 자타의 권리를 중히 여기고, 의무를 다하여 사회질서와 규율을 높이도록 노력한다. · 공덕심(公德心) 및 사회연계의 자각을 높이고, 더 좋은 사회실현에 노력한다. · 정의를 중히 여기고 누구라도 공정, 공평하게 대해야 하며, 차별이나 편견이 없는 사회의 실현에 노력한다. · 자기가 속한 다양한 집단의 의의에 대해서 이해를 깊이 하고, 역할과 책임을 자각하여 집단생활 향상에 노력한다. · 근로의 존귀함이나 의의를 이해하고 봉사정신으로 공공복지와 사회발전에 노력한다. · 부모, 조부모에게 깊은 경애심을 가지며, 가족 일원으로서 자각을 가지고 충실한 가정생활을 한다. · 학급이나 학교의 일원으로서 자각을 가지고, 교사나 학교의 사람들에게 깊은 경애심을 가지며, 협력하여 더 좋은 교풍을 수립한다. · 지역사회의 일원으로서 자각을 가지고 향토를 사랑하며, 사회에 바친 선인이나 고령자에 존경과 감사의 마음을 깊이 하고, 향토발전에 노력한다. · 일본인으로서의 자각을 가지고 나라를 사랑하고 국가발전에 노력함과 동시에 뛰어난 전통을 계승하여 새로운 문화창조에 공헌한다. · 세계 속의 일본인으로서 자각을 가지고 국제적 시야에서 세계의 평화와 인류의 행복에 공헌한다.

상을 기본으로 사고력과 판단력, 문제해결력 등을 함양하여 학생들이 균형 있는 삶을 살아갈 수 있도록 하는 데 초점을 둔 것이다. 또한 도덕교육을 새로운 교육 목표로 제기하면서 인성교육을 더욱 충실하게 하고자 하였다.

2009 학습지도요령 개정안에 따르면 인성교육의 목표는 학교의 교육활동 전체를 통해서 도덕적 심정, 판단력, 실천의욕과 도덕성을 기르는 것이다.[136] 2000년대 초까지 청소년의 문제가 학교부적응과 폭력 등에 주로 집중되어 있었다면 현재 일본의 아동 및 청소년들은 생명에 대한 존중과 자기 자신에 대한 존중이 결핍되어 있고 기초 생활 습관이 제대로 형성되어 있지 않으며 사회의 규범에 대한 의식과 사회성이 저하되어 있다고 보았기 때문이다. 인성교육으로서의 도덕교육은 교육을 통해 학생들을 삶에 대한 성찰과 자각을 일깨우고 도덕적 실천력을 길러주기 위한 것으로서 다른 교과나 특별활동과 밀접한 관련을 가지고 이루어진다.[137]

일본의 도덕교육은 인간의 발달단계에 따라 유치원, 초·중학교, 고등학교별로 교육 내용, 교육 방법 및 시수를 달리 하며 도덕성을 4가지 관점에서 체계적으로 함양한다.[138] 첫째, 자기 자신에 관한 것, 둘째, 다른 사람과의 관계에 관한 것, 셋째, 자연이나 숭고한 것과의 관계에 관한 것, 넷째, 집단이나 사회와의 관계에 관한 것이다. 초·중학교에는 '도덕시간'과 학교교육 전체에서 인성교육이 수행되며 고등학교에서는 별도 교과 없이 전 교육활동, 직업교육, 지역 사회와의 연계를 통해 인성교육이 이루어지는 것이 특징이다.

---

136 현주, 이혜영, 한미영, 서덕희, 류덕엽(2013). 초·중등 학생 인성교육 활성화 방안 연구(Ⅰ)-인성교육 진단 및 발전 과제 탐색-. 한국교육개발원.

137 현주, 이혜영, 한미영, 서덕희, 류덕엽(2013). 앞의 책

138 문부과학성(2008). 小学校学習指導要領解説(道徳編), 제3장 제2절, 42-64. 현주, 이혜영, 한미영, 서덕희, 류덕엽(2013). 앞의 책

나. 미국

미국은 다민족 국가로서 인종 간, 문화 간의 정체성 차이로 인해 오랜 기간 갈등을 겪어왔다. 사회문화적 배경 차이는 심리적 문제뿐만 아니라 폭력적인 행동으로 이어져 80년대 이후에는 학교 폭력과 총기사건이 잇따라 발생하였다.[139] 90년대에 이르러서는 소위 명문대라고 여겨지는 대학의 졸업생들이 정치·경제 영역에서 부패와 타락을 일삼는 문제까지 제기되면서 미국에서 성품교육, 인성교육의 필요성이 전면 부각되게 되었다.[140] Lickona(1991)는 미국의 성품교육에 있어 기초 이론을 정립한 학자로서 존중(respect)과 책임(responsibility)을 공립학교의 도덕적 행동 지침으로 삼아야 한다고 하였다.[141] 이에 책임 있는 윤리적인 시민을 기르기 위한 10가지 중요 덕목(virtue)을 제안한 바 있다.[142] 미국에서 인성교육은 단순히 학교 문제의 해결 수단에 그치는 것이 아니라 국가의 정체성을 재정립하고 사회 통합을 도모하기 위한 하나의 패러다임으로 강조되어 왔다.[143]

1994년 미국은 인성교육을 법으로 제정하여 추진하였다. 의회는 '미국 학교의 개선을 위한 법(Improving America's Schools Act)'을 제정하고 이어서 '인성교육 파트너십 프로그램(Partnerships in Character Education Program)'을 승인하였

---

139 이명준(2011). 교과교육과 창의적 체험활동을 통한 인성교육 활성화 방안. 한국교육과정평가원.

140 이명준(2011). 앞의 책

141 Lickona, T. (1991). Education for character: How our schools can teach respect and responsibility. New York : Bantambooks, 43-46. 이영숙(2011). 앞의 책

142 10가지 주요 덕목은 공정(fairness), 인내(tolerance), 사려(prudence), 자제심(self-discipline), 도움을 줌(helpfulness), 연민(compassion), 협동(cooperation), 용기(courage), 정직(honesty), 여러 가지 민주적 가치들(host of democratic values)이다.

143 이명준(2011). 앞의 책

다.[144] 이 프로그램의 교육 목적은 첫째, 인간의 인지적, 정의적, 도덕적 인성을 함양하고 사회 친화적 행동 함양, 둘째, 자아, 가족, 친구, 이웃, 지역사회, 국가에 필요한 인재를 양성하는 것이었다.[145] 1995년부터 2010년까지 미전역의 대다수 초·중등학교가 프로그램에 참여하였으며 총 826개교(초등학교 160개교, 중학교 55개교, 고등학교 116개교)가 교육 내용, 교수학습방법 면에서 변화를 일으키고자 하였다.[146] Vincent(1999)[147]는 성품교육에 있어 학교의 역할을 강조하면서 학업뿐만 아니라 일상생활과 대인관계에 있어 규칙과 절차의 준수가 중요하다고 하였다. 그는 교육 방법으로 협동학습, 스스로 생각하게 가르치기, 성품발달을 위한 다양한 독서, 봉사를 학습하기의 네 가지를 강조하였다. 그리고 이를 실행함에 있어 먼저 성품교육의 핵심가치를 명료하게 정리하고 교사와 지역사회에 구체적 실행 전략을 제시하며 기존의 교육과정에 구체적인 행동 강령들을 제시할 것을 요청하였다.

그 후 2001년 '낙오학생방지법(No Child Left Behind Act)'이 제정되면서 인성의 요소가 더욱 구체적으로 제시되고 인성교육이 강화되었다. 대표적인 개념적 틀은 조셉슨 연구소(Josephson Institute)의 6기둥 모형으로 여기에 4개 덕목을 더 추가한 10개 덕목을 미국 학교들이 추구하는 주요 덕목으로 볼 수 있다. 이는 진정성 혹은 신뢰성, 신용(trusty worthiness), 타인존중(respect), 책임감(responsibility), 공정 및 정의(justice and fairness), 배려(caring), 시민 정신(civic virtue and citizenship), 정직(Honesty), 용기(Courage), 성실(Dilligence), 통합성

144 양승실(2012). 창의적 체험활동을 통한 인성교육 활성화방안. 한국교육개발원.

145 이명준(2011). 앞의 책

146 지은림, 도승이, 이윤선(2013). 인성지수 개발 연구. 교육부.

147 Vincent, P. F.(1999). Developing Character In STUDENTS. Character Development Group Inc. 이영숙(2011). 앞의 책, 이영숙(2013). 인성을 가르치는 학교 만들기. 서울: 좋은나무성품학교.

(Integrity)이다. [148]

〈표 II-5〉 미국의 인성교육 내용

구분	내용
신용(trusty worthiness)	- 정직하고 약속을 잘 지키며 말에 책임을 짐 - 비밀을 지키며 배반을 하지 않음 - 자신이나 친구의 유혹에 쉽게 빠지지 않음 - 충성을 해야할 일이라 여겨지면 충성을 다함
타인존중(respect)	- 남이 나에게 해주기를 바라는 대로 남을 대함 - 다른 사람의 입장을 잘 배려 - 타인을 존중하고 예의바른 태도로 대함 - 타인과 자신과의 차이를 인정 - 폭력을 사용하지 않고 문제해결 - 타인을 의도적으로 당황하게 하거나 해를 입히지 않음
책임감(responsibility)	- 해야 할 일이면 즉시 실천에 옮김 - 신용을 잘 지키고 책임을 전가하지 않음 - 자신의 도덕기준에 맞추어 행동 - 행동의 결과를 예측하고 행동 - 자기 통제가 잘 됨
공정 및 정의 (justice and fairness)	- 타인을 공정하고 편견 없이 대함 - 개방적이며 이성적으로 행동 - 규칙을 준수하고 타인을 이용하지 않음 - 타인에 미칠 영향을 고려하여 일을 결정하고 행동
배려(caring)	- 비열하지도 잔인하지도 않고 남의 감정에 둔감하지 않음 - 자비, 친절과 관용을 베풂 - 타인을 이롭게 하기 위해 희생 - 타인의 관심과 필요를 헤아림
시민 정신 (civic virtue and citizenship)	- 지역사회의 일에 관심을 갖고 좋은 사회건설을 위해 충실 - 지역사회를 위해 봉사하고 환경보호에 관심 - 법 준수
정직(Honesty)	- 믿을만하고 진실하며 정의로움 - 거짓말하지 않고 남의 물건을 훔치지 않음

---

148 지은림, 도승이, 이윤선(2013). 앞의 책

구분	내용
용기(Courage)	- 비록 나 혼자만일지라도 옳은 일을 하고자 함 - 친구의 좋지 않은 압력에 굴복하지 않음 - 주변의 몇몇 사람이 인정하지 않아도 의견을 표현
성실(Dilligence)	- 항상 최선을 다하고 최상의 것을 추구 - 자기관리 철저 - 일을 할 때 꾸물거리지 않음 - 목표를 세우면 행동의 초점을 맞추고 실행
통합성(Integrity)	- 올바른 삶을 살고자 노력 - 유혹에 의해 나의 가치를 저버리지 않음 - 자신에 미추어 부끄럼 없는 행동을 함

　2000년에서 2004년까지 미국의 노스캐롤라이나대학의 연구진은 4년 간의 종단연구를 통해 성품교육의 효과를 검증하였다.[149] 연구진은 학생들이 4년에 걸쳐 성품교육 프로그램을 지속적으로 접한 결과, 90%의 학생들의 생활 태도가 획기적으로 개선되었고, 61%의 학생들의 학습 능력이 신장되었다고 보고하였다. 미주리주립대학교의 심리학자 Berkowitz와 Bier는 2004년 발표한 보고서「성품교육을 통해 이루어지는 것들(What Works in Character Education)」에서 성품교육을 받은 학생들과 그렇지 않은 학생들을 비교한 결과 성품교육을 받은 학생들이 성품은 물론 지적 능력도 훨씬 뛰어났다고 보고하였다.[150] 이러한 연구들은 개인이 갖추어야 할 성품의 덕목이 신장될 때, 자아 인식, 자존감이 높아지고 그 결과 학업 성취도는 물론 예술과 지식 등 삶의 다양한 분야에서 많은 변화와 발전이 일어난다는 것을 시사하고 있다.[151] 그 외에도 미국의 대표적인 인성교육 프로그램인 CEP(Character

---

149　이영숙(2011). 앞의 책

150　Berkowitz, M.W. & Bier, M. C.(2006). What Works in Character Education: A Research-Driven Guide forEducators. Washington, D.C.: Character Education Partnership.

151　이영숙(2011). 앞의 책

Education Partnership)와 CCC(Character Counts Coalition)[152]등의 인성교육 프로그램의 효과를 검증한 결과를 살펴보면 성품교육의 필요성과 효과를 이해할 수 있다. 성품교육을 받은 학생들은 학교에서의 행동과 태도가 긍정적으로 변화하였고, 문제행동이 감소하였으며 학업성적 또한 증진되는 것으로 나타났다.[153]

이러한 흐름 속에 2007년 열린 경쟁력 위원 회의에서 창의적이고 첨단적 재능의 활용을 극대화하는 방안이 제시되었고 창의성이 교육적 이슈로 떠올랐다. 이에 창의성을 교육목표로 초등 교육부터 수준별 수업을 실시하고, 지역사회 및 민간부문을 포함하여 종합적인 인성교육 프로그램을 개발하였다.[154] 2007년 6월부터 운영된 인성교육 관련 프로그램은 약 41개에 이르며 대표적인 특징은 다음과 같다.[155]

첫째, 인성교육이 창의성 및 시민교육과 결부되어 실시되고 있다. 미국의 인성교육은 존경, 정의, 공평, 배려와 같은 윤리적 덕목뿐만 아니라 다양성, 책임, 신뢰, 시민의식 등과 같은 시민 덕목 또한 강조하고 있다. 최근에는 창의성과 결부하여 윤리교육의 중요성이 강조되고 있다.

둘째, 인성교육이 교육과정에 접목되어 시행되고 있다. 예를 들어 문학과목에서 도덕적 딜레마에 초점을 맞춰 에세이를 쓰게 하거나 토론모임을 통해 일상생활에서 발생하는 딜레마와 이의 해결 방안에 대해 논의하는

---

152 CEP는 Lickona 외(2002)의 이론에 기초한 것으로서 11가지 원리를 강조하며, 학생들에게 보다 윤리적이고 책임감 있고, 배려하는 사람이 될 것을 강조한다. CCC는 Josephson의 6기둥 모형을 강조한 것이다(Lickona, T. Schaps, E. , & Lewis, C. (2002). Eleven Principles for Effective Character Education. Washington, DC: Character Education Partnership).

153 이영숙(2009). 성품 좋은 아이로 키우는 부모의 말 한 마디. 서울: 위즈덤하우스.

154 양승실(2012). 앞의 책

155 현주(2009). 앞의 책, 지은림, 도승이, 이윤선(2013). 앞의 책

것이다.

셋째, 학교차원에서 인성교육의 원칙을 수립하고, 구체적 실행을 철저히
감독하고 있다. 이는 일 년 내내 학급 토의나 교과목 프로젝트, 학교 차원
의 행사 등을 통해 다루어진다.

넷째, 학생, 교사, 학부모의 인성함양과 교육자료 제공을 위해 다양한 형
태의 프로그램이 운영되고 있다.

다섯째, 민간부문 비영리 전문기관의 활동이 활발하다.

여섯째, 미국의 인성교육은 초등학교에 집중되어 있다. 그 내용은 자아개
념 확립 및 가족과 관련된 활동들로, 이들은 자신을 둘러싼 환경에 어떤
영향을 받고 영향을 미칠 수 있는지 직접적인 활동을 통해 경험적으로 깨
닫는 기회를 가지게 된다.

일곱째, 미국의 인성교육에는 삶과 인간에 대한 이해를 돕기 위한 추상적
인 사고활동이 포함되어 있다.

여덟째, 인성교육 프로그램 시행과 적용 대상, 주제와 관련하여 유연성이
있다. 학교급별로 프로그램을 수정 보완하여 연계적으로 사용하거나 동
일한 주제를 더욱 심층적으로 이해할 수 있도록 돕는다.

아홉째, 인성교육이 학문적 성취나 문제행동의 경감과 같이 학교 생활 전
반과 연계되어 있다.

현재 미국의 인성교육은 연방 교육부 산하의 '안전과 마약 없는 학교국
(Office of Safe and Drug-free School)'에서 총괄하고 있으며 교육부가 추구하는 6개
목표 중의 하나로 '미국의 청소년들에게 인성교육과 리더십교육을 강화하는
것'으로 명시되어 있다.[156] 인성교육은 연방정부와 주정부, 민간단체의 유기

---

156 양승실(2012). 앞의 책

적인 협력 하에 추진되고 있는데 그 중에서도 미국 인성교육원의 프로그램이 널리 활용되고 있다.[157] 미국 인성교육원은 유치원부터 중학교까지에 해당하는 인성교육과정을 입안하여 44개 주 18,000개의 교실에서 교육과정을 적용하고 있다. 인성교육원은 교사 자신이 롤모델이 되어야 하며, 교육적 방법으로 토론, 문제해결방법 등을 권장한다. 교육의 내용은 도덕적 가치를 윤리적 강령으로 삼고 창의적인 문제해결력, 브레인스토밍, 토론, 역할놀이 등의 창의적 방법을 유용하게 활용하고 있다. 인성교육의 기본 원칙은 인성교육이 새롭게 덧붙여지는 과제가 아니라 기존의 학교교육의 틀 속에서 다차원적, 범교과적 활동을 통하여 이루어져야 함을 강조하고 있다.

다. 핀란드

핀란드는 1970년 처음 공포한 국가교육과정에서 교육과정은 모든 학생에게 평등한 교육의 접근성을 높이기 위한 것이라고 하였다.[158] 핀란드의 교육 이념은 '평등 교육의 실현'으로서 교육기회의 평등은 물론 성취결과의 평등을 지향한다. 학생의 사회·경제적 배경이 학력에 미치는 영향을 최소화하고 학습 부진, 부적응 학생, 이민자, 정신적·신체적 장애를 가진 학생 등 특수한 교육이 필요한 학생들에게 더 큰 지원을 해왔다. 핀란드의 교육 원칙은 부진 학생을 발견하고 보완하는 정책을 만드는 것이 아니라 학습 상황을 관찰하여 학습 부진이나 문제가 진행되기 이전에 학생을 교육하고 학교를 변화시키는 것이다.[159] 이러한 교육 이념과 실천들은 학생의 학습권을 보장하

157 양승실(2012). 앞의 책, 지은림, 도승이, 이윤선(2013). 앞의 책

158 이명준(2011). 앞의 책

159 이명준(2011). 앞의 책

는 것뿐만 아니라 학교라는 공간에서 발생할 수 있는 청소년 문제들을 원천
적으로 감소시키는 데에도 큰 역할을 해온 것으로 볼 수 있다.

핀란드는 인재 육성을 국가 교육의 목표로 삼고 있지만 인간을 길러냄
에 있어 경쟁을 통한 경쟁력 향상이 아닌 협동을 통한 신뢰 형성과 개인이
스스로 삶을 개척해나갈 수 있도록 하는 데 교육의 가치를 두고 있다.[160] 핀
란드의 교육 정책이 지향하는 덕목은 '생명과 인권존중', '자연과 문화의 다양
성에 대한 존중과 지속가능한 발달 촉진', '평등성과 민주주의의 촉진', '책임
감, 공동체 정신, 개인의 권리와 자유에 대한 존중', '학습자의 다양성에 대한
고려', '교과수업의 비종파성과 정치적 중립성' 등으로 나타난다.[161] 초 · 중등
학교 교육과정 관련 문서에 제시된 능력 요인 중 인성교육에 해당하는 요인
으로는 대인관계, 자기관리, 시민의식, 심미적 감수성, 다문화가 있으며 구체
적인 내용은 〈표 II-6〉과 같다.[162]

핀란드는 초등학교에 다양한 전문가 집단이 투입되어 부진 학생에 대한
지도 및 특수교육을 실시한다.[163] 또 교과에 따라서는 수준별 개별화 수업을
진행하기도 하여 학생 개개인의 신체적, 심리적, 사회적 발달과 안정을 추구
한다. 중학교에서는 학습부진의 조기 발견에 초점을 두며 학교, 지역 사회,
가정 등에서 협동 교수를 실시한다. 복지센터, 사회봉사단체, 종교단체, 공
공도서관, 직업교육기관, 언론사, 시민 단체 등에서 학교의 교육 행사에 참여
하며 이로부터 학생은 공동체 의식과 책임감을 자연스럽게 경험하게 된다.
핀란드에서는 중학생 때부터 진로와 직업 선택을 위한 상담 프로그램을 제

---

160 지은림, 도승이, 이윤선(2013). 앞의 책

161 양승실(2011). 앞의 책, 지은림, 도승이, 이윤선(2013). 앞의 책

162 양승실(2011, 2012). 앞의 책, 지은림, 도승이, 이윤선(2013). 앞의 책

163 지은림, 도승이, 이윤선(2013). 앞의 책

〈표 II-6〉 핀란드의 인성교육 내용

구분	주요 하위 요소
대인관계	- 협동심 배양 - 협동 기술 습득 - 협동 및 상호작용
자기관리	- 자아존중감 형성 - 건전한 세계관 형성 - 탐구적 학습태도 - 건강 및 복지 생활양식
시민의식	- 책임감 - 사회 구성원 역할 수행 - 삶과 인권 존중 - 타인배려 능력
심미적 감수성	- 다양한 심미적 경험과 기능 개발 - 심미적 · 예술적 경험 - 예술 활동 참여 및 향유 능력
다문화	- 다양한 언어 관련 지식과 기능 - 문화 정체성

공받을 수 있으며 이를 위해 담임 및 교과 교사, 진로상담교사 및 사회복지사의 협력이 이루어진다. 이후 고등학교 교육과정은 무학년제이면서 일반교육과 실업교육이 통합교육으로 이루어지기 때문에 학생은 자신의 흥미, 적성, 능력에 따라 과목을 이수할 수 있다. 그리고 그에 따라 진로를 설계하고 이 과정에서 학교와 지역사회, 가정의 연계와 상호 협조가 계속적으로 일어난다.[164]

대표적인 예로 2003년부터 2007년까지 핀란드가 국가적으로 실시한 젊

---

164 지은림, 도승이, 이윤선(2013). 앞의 책

은이 참여 프로젝트(National Youth Participation Project)가 있다.[165] 이는 학생들의
사회적 참여를 장려하고 사회활동에서 배제되는 것을 막아 지역사회 수준의
체계적인 모델을 개발하는 것이었다. 지역사회의 요구를 수렴하고 협동적인
접근을 통해 학생들에게 진학과 진로지도의 기회를 제공하며 젊은이들이 참
여할 수 있는 많은 기회를 마련해주어 자신이 처한 상황을 향상시킬 수 있는
방향을 제시하는 것이 프로젝트의 방향이었다.

---

165   양승실(2012), 앞의 책

척도 개발 및 타당화

1

한국형 12성품 척도 개발

가. 문헌 고찰 및 문항 선정

한국형 12성품 척도의 문항개발 절차는 다음의 [그림Ⅲ-1]과 같다. 먼저, 문항 구성을 위해 한국형 12성품교육의 각 주제성품과 동일하거나 유사한 주제어를 기준으로 관련 문헌을 고찰하고, 한국형 12성품교육의 정의를 기준으로 새로운 문항을 개발하였다. 선행연구에서 개발한 기존 문항을 참고한 경우 모두 수정·보완하여 예비조사문항을 구성하였다. 다음으로, 예비조사를 실시하여 각 주제성품별로 탐색적 요인분석을 실시하여 문항을 축소하였다. 마지막으로, 예비조사 결과 축소된 문항을 바탕으로, 이영숙 박사의 한국형 12성품교육을 기초로 한 수정·보완 요구사항을 반영하여 본조사 문

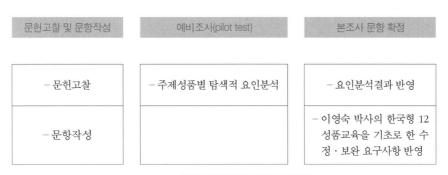

문헌고찰 및 문항작성	예비조사(pilot test)	본조사 문항 확정
– 문헌고찰	– 주제성품별 탐색적 요인분석	– 요인분석결과 반영
– 문항작성		– 이영숙 박사의 한국형 12성품교육을 기초로 한 수정·보완 요구사항 반영

그림 Ⅲ-1. 한국형 12성품 척도의 문항개발 절차

항을 확정하였다. 모든 측정문항은 1단계 '그렇지 않다'에서 5단계 '매우 그렇다'의 5단계 리커트 척도 형태로 구성하였다.

1) 문항 선정 과정

문항은 두 가지 방향으로 구성하였다. 첫째는 한국형 12성품교육의 각 주제성품과 동일하거나 유사한 주제어를 기준으로 기존문헌의 척도를 고찰하고, 이를 수정·보완하여 사용하였다. 둘째는 한국형 12성품교육의 특수성을 반영할 수 있는 새로운 문항들을 개발하였다.

경청은 의사소통을 주제어로 하는 문헌을 고찰하였고(허경호, 2003)[1], 기존의 문항을 수정·보완한 6문항과 새롭게 개발한 10문항으로, 총 16개의 예비조사문항을 구성하였다.

긍정적인 태도는 긍정적 태도 혹은 낙관성을 주제어로 하는 문헌을 고찰하였고(노영천, 2011[2]; 현경자, 2009[3]), 기존의 문항을 수정·보완한 6문항과 새롭게 개발한 10문항으로, 총 16개의 예비조사문항을 구성하였다.

기쁨은 희망 혹은 자존감을 주제어로 하는 문헌을 고찰하였고(조한익, 2009[4]; 차경호 외, 2006[5]), 기존의 문항을 수정·보완한 5문항과 새롭게 개발한 11문항으로, 총 16개의 예비조사문항을 구성하였다.

배려는 배려를 주제어로 하는 문헌을 고찰하였고(김수동 외, 2014[6]; 이연수,

1   허경호(2003). 텔레비전 시청 조절능력 척도 개발과 타당성 검증. 방송통신연구, 57 271-300.

2   노영천(2011). 한국인용 낙관성 척도의 개발 및 타당화. 부산대학교 박사학위청구논문.

3   현경자(2009). 역경 극복을 돕는 성인 한국인의 긍정성 탐색: 긍정적 태도 척도 개발과 타당화, 한국심리학회지:사회 및 성격, 23(2), 13-42.

4   조한익(2009). 초등학교 고학년용 희망척도의 개발과 타당화 연구. 교육심리연구, 23(2), 323-342.

5   차경호, 홍기원, 김명소, 한영석(2006). 한국 성인의 자존감 구성요인 탐색 및 척도개발. 한국심리학회지: 일반, 25(1), 105-139.

6   김수동, 안재진, 이정연(2014). 배려척도 문항개발 연구. 사회과학연구, 25(1), 81-104.

김성회, 2009[7]), 기존의 문항을 수정·보완한 10문항과 새롭게 개발한 6문항으로, 총 16개의 예비조사문항을 구성하였다.

감사는 감사를 주제어로 하는 문헌을 고찰하였고(노지혜, 이민규, 2012[8]; 임경희, 2010[9]), 기존의 문항을 수정·보완한 16문항으로 예비조사문항을 구성하였다.

순종은 순종 혹은 효의식을 주제어로 하는 문헌을 고찰하였고(노지혜, 이민규, 2012; 류한근, 2011[10]), 기존의 문항을 수정·보완한 3문항과 새롭게 개발한 13문항으로, 총 16개의 예비조사문항을 구성하였다.

인내는 자기조절을 주제어로 하는 문헌을 고찰하였고(윤영선, 2007[11]), 기존의 문항을 수정·보완한 2문항과 새롭게 개발한 14문항으로, 총 16개의 예비조사문항을 구성하였다.

책임감은 책임감 혹은 준비성을 주제어로 하는 문헌을 고찰하였고(김수동 외, 2014[12]; 소연희, 2004[13]; 송민정, 2010[14]), 기존의 문항을 수정·보완한 10문항과 새롭게 개발한 6문항으로, 총 16개의 예비조사문항을 구성하였다.

절제는 절제 혹은 자제력을 주제어로 하는 문헌을 고찰하였고(이연수, 2012[15];

---

7   이연수, 김성회(2009). 초등학생용 배려 척도 개발, 상담학연구, 10(4), 2479-2493.

8   노지혜, 이민규(2012). 한국판 감사 척도의 타당화. 한국심리학회지: 임상, 31(1), 329-354.

9   임경희(2010). 감사성향 척도 개발 및 타당화. 상담학연구, 11(1), 1-17.

10   류한근(2011). 효의식 조사를 위한 척도 연구. 효학연구, 13, 105-121.

11   윤영선(2007). 청소년의 자기조절능력 관련변인 연구. 숙명여자대학교 박사학위청구논문.

12   김수동, 안재진, 이정연(2014). 배려척도 문항개발 연구. 사회과학연구, 25(1), 81-104.

13   소연희(2004). 정서 창의성과 대인관계성향에 관한 분석. 교육방법연구, 16(2). 55-80.

14   송민정(2010).기억확신, 책임감 및 스트레스가 강박증상에 미치는 영향: 부적응적 완벽주의의 매개효과. 경상대학교 석사학위청구논문.

15   이연수(2012). 초등학생용 도덕성 검사(TM) 개발 및 타당화; '도덕적 주체로서의 나'영역을 중심으로, 초등교육연구, 25(4), 125-146.

허경호, 2003[16]), 기존의 문항을 수정·보완한 10문항과 새롭게 개발한 6문항으로, 총 16개의 예비조사문항을 구성하였다.

창의성은 창의성을 주제어로 하는 문헌을 고찰하였고(정은이, 박용한, 2002[17]), 기존의 문항을 수정·보완한 6문항과 새롭게 개발한 10문항으로, 총 16개의 예비조사문항을 구성하였다.

정직은 도덕성을 주제어로 하는 문헌을 고찰하였고(이연수, 2012[18]), 기존의 문항을 수정·보완한 5문항과 새롭게 개발한 12문항으로, 총 17개의 예비조사문항을 구성하였다.

지혜는 지혜를 주제어로 하는 문헌을 고찰하였고(김민희, 민경환, 2011[19]; 이수림, 조성호, 2012[20]), 기존의 문항을 수정·보완한 3문항과 새롭게 개발한 13문항으로, 16총 개의 예비조사문항을 구성하였다.

2) 예비 조사(pilot test)

예비조사는 중학생 30명, 고등학생 30명, 총 60명을 대상으로 진행하였다. 예비검증에서는 한국형 12성품교육의 12가지 각 주제성품별로 탐색적 요인분석을 진행하였는데, 추출 요인을 1로 지정하고 해당 주제성품을 측정하는 문항만을 분석에 사용하였다. 추정방법으로는 최대우도법을, 요인회전으로는 요인 간 연관을 허용하는 사각회전(oblimin)방법을 이용하였다. 분석결과를 토대로, 하나의 주제성품에 해당하는 문항이 해당 성품에 대해 나타

---

16   허경호(2003b). 텔레비전 시청 조절능력 척도 개발과 타당성 검증. 방송통신연구, 57 271-300.

17   정은이, 박용한(2002). 일상적 창의성 척도의 개발 및 타당화. 교육문제연구, 17, 155-183.

18   이연수(2012). 초등학생용 도덕성 검사(TM) 개발 및 타당화; '도덕적 주체로서의 나'영역을 중심으로. 초등교육연구, 25(4), 125-146.

19   김민희, 민경환(2011). 한국판 지혜 척도의 개발 및 타당화. 한국심리학회지:일반, 30(4), 1231-1253.

20   이수림, 조성호(2012). 한국판 지혜 척도의 개발 및 타당화 연구. 한국심리학회지:사회문제, 18(1), 1-26.

내는 요인부하량이 하위 3~4순위인 문항을 삭제하였다. 결과적으로, 12문항을 남긴 '긍정적인 태도' 이외의 11개 주제성품은 13개 문항으로 축소하였다.

　이후 이영숙 박사의 한국형 12성품교육을 기초로 한 수정·보완 요청사항을 반영하여, 경청은 4개 문항을 추가하여 총 17개 문항, 긍정적인 태도는 4개 문항을 추가하여 총 16개 문항, 기쁨은 1개 문항을 추가하여 총 14개 문항, 배려는 3개 문항을 추가하여 총 16개 문항, 감사는 1개 문항을 추가하여 총 14개 문항, 순종은 4개 문항을 추가하여 총 17개 문항, 절제는 1개 문항을 추가하여 총 14개 문항, 정직은 1개 문항을 추가하여 총 14개 문항을 본조사 문항으로 확정하였다. 이영숙 박사의 한국형 12성품교육을 기초로 한 수정·보완요구사항이 없는 인내, 책임감, 창의성, 지혜는 예비분석 결과를 바탕으

〈표 Ⅲ-1〉 예비조사 분석 결과, 수정·보완사항 반영 및 본조사 문항 수

주제성품	요인분석 결과	수정·보완사항 반영	최종 본조사 문항
경청	13	4	17
긍정적인 태도	12	4	16
기쁨	13	1	14
배려	13	3	16
감사	13	1	14
순종	13	4	17
인내	13	-	13
책임감	13	-	13
절제	13	1	14
창의성	13	-	13
정직	13	1	14
지혜	13	-	13
총 계	155	19	174

로 축소한 13개 문항을 최종 본조사 문항으로 유지하였다. 예비조사 분석결과와 이영숙 박사의 한국형 12성품교육을 기초로 한 수정·보완요구사항, 최종 본조사 문항의 수는 다음의 〈표Ⅲ-1〉과 같다(한국형 12성품 본조사 설문지는 [부록1] 참고).

나. 탐색적 요인분석

1) 연구대상

연구대상은 중학생 304명, 고등학생 310명으로 총 614명이다. 연구대상의 성별분포는 〈표 Ⅲ-2〉와 같다. 전체적으로 남학생 258명(41.8%), 여학생 356명(57.7%)이고, 중학교에서는 남학생이 147명(48.2%), 여학생이 157명(51.5%), 고등학교에서는 남학생이 111명(35.6%), 여학생이 199명(63.8%)이다.

〈표 Ⅲ-2〉 연구대상의 성별 분포

구분		성별		계
		남	여	
학교급	중학교	147 (48.2)	157 (51.5)	304 (100.0)
	고등학교	111 (35.6)	199 (63.8)	310 (100.0)
전체		258 (41.8)	356 (57.7)	614 (100.0)

명(%)

설문조사 실시대상 학교는 〈표Ⅲ-3〉과 같이, 서울 10.5%, 인천 9.6%, 대전 4.7%, 경기 52.2%, 강원8.9%, 충남 14.1%의 지역 분포를 나타낸다.

〈표 III-3〉 연구대상의 지역 분포

지역	중학교		고등학교		전체	
	명	(%)	명	(%)	명	(%)
서울	65	(21.3)	-	-	65	(10.5)
인천	-	-	59	(18.9)	59	(9.6)
대전	29	(9.5)	193	(61.9)	29	(4.7)
경기	129	(42.3)	-	-	322	(52.2)
강원	25	(8.2)	30	(9.6)	55	(8.9)
충남	57	(18.7)	30	(9.6)	87	(14.1)
계	305	(100.0)	312	(100.0)	617	(100.0)

　설문조사 대상 학생은 〈표III-4〉와 같이, 중학교 1학년이 94명(30.8%), 중학교 2학년이 167명(54.8%), 중학교 3학년이 44명(14.4%)이고, 고등학교 1학년이 201명(64.4%), 고등학교 2학년이 60명(19.2%), 고등학교 3학년이 51명(16.3%)이다.

　또한 학교 설립 유형은 전체적으로 국·공립학교의 비율이 높았는데, 국·공립학교 학생이 488명(79.1%)이고, 사립학교 학생이 129명(20.9%)이다.

〈표 III-4〉 연구대상의 학년 및 학교설립유형 분포

구분		학년			계	설립유형		계
		1	2	3		국공립	사립	
학교급	중학교	94 (30.8)	167 (54.8)	44 (14.4)	305 (49.4)	176 (57.5)	129 (42.3)	488 (79.1)
	고등학교	201 (64.4)	60 (19.2)	51 (16.3)	312 (50.6)	312 (100.0)	-	129 (20.9)
전체		295 (47.8)	227 (36.8)	95 (15.4)	617 (100.0)	488 (79.1)	129 (20.9)	617 (100.0)

명(%)

2) 분석 방법

분석은 두 단계로 진행하였는데, 첫 번째 단계로, 이영숙 박사의 한국형 12성품교육의 12가지 각 주제성품별로 해당 문항의 탐색적 요인분석을 실시하였다. 추정방법으로는 최대우도법을, 요인회전으로는 요인 간 연관을 허용하는 사각회전(oblimin)방법을 이용하였다. 이때, 추출요인수를 1로 지정하고 해당 주제성품을 측정하는 문항만을 분석에 사용하여, 해당 주제성품에 대한 요인부하량이 .04이하인 문항을 삭제하였다.

두 번째 단계로, 각 주제성품에 대한 요인부하량이 0.5이상인 문항을 사용하여, 한국형 12성품 척도의 문항 총 163개에 대해 탐색적 요인분석을 실시하였다. 이때, 추출요인 수를 12로 지정하였고, 추정방법으로는 최대우도법을, 요인회전으로는 요인 간 연관을 허용하는 사각회전(oblimin)방법을 이용하였다. 탐색적 요인분석 시, 학교급을 구분하지 않은 전체 사례수(n=614)중, 탐색적 요인분석의 대상이 되는 총 163개의 문항 모두에 성실하게 응답한 사례(n=490)를 대상으로 분석하였다.

3) 분석 결과

주제성품별 탐색적 요인분석

각 주제성품별로 해당 문항들을 대상으로 탐색적 요인분석을 한 결과는 다음〈표Ⅲ-5〉~〈표Ⅲ-16〉과 같다(문항번호에 해당하는 자세한 문항내용은 '[부록2]본조사 문항'을 참고). 첫 번째 단계로 실시한 각 주제성품별 탐색적 요인분석을 통해, 해당 주제성품에 대한 요인부하량이 0.4이하인 문항을 삭제하여 두 번째 단계 분석에 투입하는 문항의 수를 축소하였다. 2단계 분석에 투입하지 않고 삭제한 문항은 각 표에서 음영으로 표시하였다.

경청은 KMO와 Bartllett 검정을 통해 요인분석에 적합한 자료임을 확인
했고, 요인부하량이 0.4이하인 경청4와 경청15 문항을 삭제하였다. 결과적
으로 2단계 분석에는 총 14개 문항을 사용하였다.

〈표 III-5〉 경청의 문항별 요인부하량

주제성품	문항	요인부하량
경청	경청2	.722
	경청11	.714
	경청8	.713
	경청1	.710
	경청6	.684
	경청7	.671
	경청14	.668
	경청10	.668
	경청13	.658
	경청5	.631
	경청3	.630
	경청9	.623
	경청16	.611
	경청12	.586
	경청17	.584
	경청4	.223
	경청15	.084

KMO=.922
Bartlett 구형성 검정=4615.550(df=136, p=.000)

긍정적인 태도는 KMO와 Bartllett 검정을 통해 요인분석에 적합한 자료임을 확인했고, 요인부하량이 0.4이하인 긍정적인 태도13, 긍정적인 태도12, 긍정적인 태도2, 긍정적인 태도15 문항을 삭제하였다. 결과적으로 2단계 분석에는 총 12개 문항을 사용하였다.

〈표 III-6〉 긍정적인 태도의 문항별 요인부하량

주제성품	문항	요인부하량
긍정적인 태도	긍정적인 태도7	.823
	긍정적인 태도8	.793
	긍정적인 태도9	.736
	긍정적인 태도6	.703
	긍정적인 태도2	.701
	긍정적인 태도4	.664
	긍정적인 태도14	.636
	긍정적인 태도5	.634
	긍정적인 태도11	.604
	긍정적인 태도16	.603
	긍정적인 태도1	.590
	긍정적인 태도10	.547
	긍정적인 태도13	.484
	긍정적인 태도12	.345
	긍정적인 태도3	.341
	긍정적인 태도15	.147

KMO=.919

Bartlett 구형성 검정=4393.348(df=120, p=.000)

기쁨은 KMO와 Bartllett 검정을 통해 요인분석에 적합한 자료임을 확인
했고, 요인부하량이 0.4이하인 문항이 없어 기존 문항을 유지하였다. 결과적
으로 2단계 분석에는 총 14개 문항을 사용하였다.

〈표 Ⅲ-7〉 기쁨의 문항별 요인부하량

주제성품	문항	요인부하량
기쁨	기쁨6	.846
	기쁨7	.818
	기쁨4	.815
	기쁨9	.810
	기쁨3	.785
	기쁨5	.773
	기쁨14	.765
	기쁨12	.752
	기쁨8	.740
	기쁨13	.732
	기쁨1	.728
	기쁨11	.718
	기쁨2	.693
	기쁨10	.628

KMO=.955
Bartlett 구형성 검정=6290.118(df=91, p=.000)

배려는 KMO와 Bartllett 검정을 통해 요인분석에 적합한 자료임을 확인
했고, 요인부하량이 0.4이하인 배려16 문항을 삭제하였다. 결과적으로 2단
계 분석에는 총 15개 문항을 사용하였다.

〈표 III-8〉 배려의 문항별 요인부하량

주제성품	문항	요인부하량
배려	배려3	.774
	배려7	.773
	배려13	.763
	배려6	.730
	배려2	.730
	배려4	.722
	배려14	.697
	배려1	.693
	배려12	.691
	배려10	.689
	배려11	.678
	배려9	.660
	배려8	.634
	배려15	.553
	배려5	.536
	배려16	.467

KMO=.936
Bartlett 구형성 검정=5356.995(df=120, p=.000)

감사는 KMO와 Bartllett 검정을 통해 요인분석에 적합한 자료임을 확인했고, 요인부하량이 0.4이하인 문항이 없어 기존 문항을 유지하였다. 결과적으로 2단계 분석에는 총 14개 문항을 사용하였다.

〈표 III-9〉 감사의 문항별 요인부하량

주제성품	문항	요인부하량
감사	감사4	.812
	감사5	.798
	감사2	.791
	감사9	.784
	감사7	.758
	감사8	.755
	감사1	.745
	감사10	.711
	감사11	.706
	감사3	.693
	감사6	.668
	감사13	.623
	감사14	.589
	감사12	.585

KMO=.946
Bartlett 구형성 검정=5098.837(df=91, p=.000)

순종은 KMO와 Bartllett 검정을 통해 요인분석에 적합한 자료임을 확인했고, 요인부하량이 0.4이하인 순종15 문항을 삭제하였다. 결과적으로 2단계 분석에는 총 16개 문항을 사용하였다.

〈표 III-10〉 순종의 문항별 요인부하량

주제성품	문항	요인부하량
순종	순종3	.815
	순종2	.813
	순종4	.795
	순종8	.795
	순종5	.782
	순종1	.777
	순종9	.773
	순종6	.767
	순종7	.744
	순종10	.718
	순종13	.711
	순종14	.707
	순종12	.688
	순종11	.684
	순종16	.588
	순종17	.583
	순종15	.409

KMO=.950
Bartlett 구형성 검정=7313,779(df=136, p=.000)

인내는 KMO와 Bartllett 검정을 통해 요인분석에 적합한 자료임을 확인했고, 요인부하량이 0.4이하인 문항이 없어 기존 문항을 유지하였다. 결과적으로 2단계 분석에는 총 13개 문항을 사용하였다.

〈표 III-11〉 인내의 문항별 요인부하량

주제성품	문항	요인부하량
인내	인내7	.813
	인내10	.810
	인내9	.798
	인내8	.796
	인내6	.774
	인내4	.769
	인내2	.769
	인내3	.769
	인내13	.768
	인내5	.745
	인내12	.738
	인내1	.696
	인내11	.665

KMO=.948

Bartlett 구형성 검정=5797.073(df=78, p=.000)

책임감은 KMO와 Bartllett 검정을 통해 요인분석에 적합한 자료임을 확인했고, 요인부하량이 0.4이하인 문항이 없어 기존 문항을 유지하였다. 결과적으로 2단계 분석에는 총 13개 문항을 사용하였다.

〈표 III-12〉 **책임감의 문항별 요인부하량**

주제성품	문항	요인부하량
책임감	책임감7	.810
	책임감8	.804
	책임감5	.802
	책임감3	.774
	책임감4	.772
	책임감6	.771
	책임감9	.754
	책임감13	.752
	책임감10	.731
	책임감11	.689
	책임감2	.657
	책임감1	.652
	책임감12	.639

KMO=.948
Bartlett 구형성 검정=5049.007(df=78, p=.000)

절제는 KMO와 Bartllett 검정을 통해 요인분석에 적합한 자료임을 확인했고, 요인부하량이 0.4이하인 절제5, 절제13, 절제12 문항을 삭제하였다. 결과적으로 2단계 분석에는 총 11개 문항을 사용하였다.

〈표 Ⅲ-13〉 절제의 문항별 요인부하량

주제성품	문항	요인부하량
절제	절제3	.739
	절제9	.737
	절제1	.728
	절제2	.710
	절제11	.693
	절제8	.689
	절제10	.684
	절제4	.665
	절제7	.654
	절제6	.606
	절제14	.561
	절제5	-.086
	절제13	.080
	절제12	.009

KMO=.885
Bartlett 구형성 검정=3514.546(df=91, p=.000)

창의성은 KMO와 Bartllett 검정을 통해 요인분석에 적합한 자료임을 확인했고, 요인부하량이 0.4이하인 문항이 없어 기존 문항을 유지하였다. 결과적으로 2단계 분석에는 총 13개 문항을 사용하였다.

〈표 Ⅲ-14〉 창의성의 문항별 요인부하량

주제성품	문항	요인부하량
창의성	창의성7	.833
	창의성9	.822
	창의성11	.806
	창의성13	.784
	창의성6	.779
	창의성4	.770
	창의성10	.762
	창의성12	.757
	창의성2	.755
	창의성8	.750
	창의성3	.743
	창의성5	.716
	창의성1	.705

KMO=.943

Bartlett 구형성 검정=5702.497(df=78, p=.000)

정직은 KMO와 Bartllett 검정을 통해 요인분석에 적합한 자료임을 확인했고, 요인부하량이 0.4이하인 문항이 없어 기존 문항을 유지하였다. 결과적으로 2단계 분석에는 총 14개 문항을 사용하였다.

〈표 III-15〉 정직의 문항별 요인부하량

주제성품	문항	요인부하량
정직	정직7	.799
	정직11	.793
	정직9	.790
	정직12	.749
	정직4	.740
	정직2	.739
	정직3	.731
	정직10	.711
	정직5	.706
	정직13	.686
	정직8	.672
	정직6	.658
	정직14	.651
	정직1	.645

KMO=.940
Bartlett 구형성 검정=5093.060(df=91, p=.000)

지혜는 KMO와 Bartllett 검정을 통해 요인분석에 적합한 자료임을 확인했고, 요인부하량이 0.4이하인 문항이 없어 기존 문항을 유지하였다. 결과적으로 2단계 분석에는 총 13개 문항을 사용하였다.

〈표 III-16〉 지혜의 문항별 요인부하량

주제성품	문항	요인부하량
지혜	지혜10	.863
	지혜6	.827
	지혜5	.824
	지혜8	.813
	지혜12	.808
	지혜11	.806
	지혜2	.800
	지혜4	.794
	지혜3	.791
	지혜7	.789
	지혜9	.770
	지혜1	.767
	지혜13	.638

KMO=.960
Bartlett 구형성 검정=6214.936(df=78, p=.000)

KMO와 Bartlett 검정

각 주제성품별로 탐색적 요인분석을 실시한 결과를 바탕으로 선별한, 총 163개의 문항이 요인분석에 적합한 자료인지 점검하기 위해 KMO와 Bartllett 검정을 실시하였다. 요인분석 모형은 최대우도법을, 요인회전방식은 직접오블리민을 사용하였다. 검정결과, 표본의 적절성을 측정하는 KMO 값이 .968로서 1에 가까웠다. 또한 변인들 간의 상관이 0인지를 검정하는 Bartlett의 구형성 검정 통계값이 72529.536(df=13203, p=.000)으로, .01 수준에서 유의하였다. 따라서 본 연구에서 사용한 표본은 요인분석에 적합하다.

〈표 Ⅲ-17〉 KMO와 Bartlett 검정결과

구분		측정치
표준형성 적절성의 KMO 측도		.968
Bartlett의 구형성 검정	근사 카이제곱	72529.536
	자유도	13203
	유의확률	.000

한국형 12성품의 주제성품 요인성분 값

요인분석 결과, 12개 요인성분 값은 다음 〈표Ⅲ-18〉과 같다. 12번째까지 누적된 분산의 양은 61.27%로, 12개 요인은 문항 총 변화량의 61.27%를 설명해준다. 한국형 12성품의 주제성품 문항별 요인부하량은 [부록3]에 제시하였다.

〈표 Ⅲ-18〉 한국형 12성품의 주제성품 요인성분 값

요인	초기 고유값			추출 제곱합 적재값			회전 제곱합 적재값a
	고유값	설명된 분산 (%)	누적 분산 (%)	고유값	설명된 분산 (%)	누적 분산 (%)	고유값
1	63.350	38.865	38.865	62.875	38.574	38.574	18.984
2	7.977	4.894	43.759	7.535	4.623	43.197	26.238
3	5.908	3.625	47.383	5.390	3.307	46.503	30.647
4	3.982	2.443	49.826	3.589	2.202	48.705	28.624
5	3.385	2.077	51.903	3.027	1.857	50.562	23.861
6	3.336	2.046	53.949	2.846	1.746	52.308	16.887
7	2.587	1.587	55.537	2.300	1.411	53.720	30.478
8	2.217	1.360	56.897	1.774	1.088	54.808	30.323
9	2.007	1.231	58.128	1.483	.910	55.718	36.243
10	1.824	1.119	59.247	1.507	.925	56.642	5.981
11	1.700	1.043	60.290	1.318	.809	57.451	28.631
12	1.608	.986	61.276	1.199	.736	58.187	15.840

4) 최종 문항

한국형 12성품 척도 최종 문항

탐색적 요인분석 결과를 바탕으로, 각 요인을 정의하고 재분류하는 과정을 거쳐 한국형 12성품 척도의 최종문항을 확정하였다. 먼저, 이론적으로 해당 요인에 부합하지 않는 문항을 삭제하고 각 요인을 정의하였다. 요인1은 감사/배려로, 긍정적인 태도 1개 문항을 삭제한 감사의 11개 문항과 배려의 4개 문항으로 구성된다. 요인2는 기쁨/긍정적인 태도로, 기쁨 14개 문항과 긍정적인 태도 7개 문항으로 구성된다. 요인3은 창의성으로, 지혜, 절제, 배려의 각 1개 문항씩, 총 3개 문항을 삭제한 창의성 13개 문항으로 구성된다. 요인4는 경청/배려로, 경청 15개 문항과 배려 5개 문항으로 구성된다. 요인5는 정직으로, 정직 13개 문항으로 구성된다. 요인6은 절제로, 배려, 순종, 긍정적인 태도 각 1개 문항씩, 총 3개 문항을 삭제한 절제 10개 문항으로 구성된다. 요인7은 순종으로 감사 2개 문항을 삭제한 순종 14개 문항으로 구성된다. 요인8은 책임감으로 순종 1개 문항을 삭제한 책임감 13개 문항으로 구성된다. 요인9는 지혜로, 정직 1개 문항을 삭제한 지혜 12개 문항으로 구성된다. 요인10은 배려로, 배려 3개 문항으로 구성된다. 요인11은 인내로, 인내 13개 문항으로 구성된다. 요인12는 긍정적인 태도로, 감사와 배려 각 1개 문항씩, 총 2개 문항을 삭제한 긍정적인 태도 3개 문항으로 구성된다(문항별 요인 부하량은 [부록3]참고).

다음으로, 이영숙 박사의 한국형 12성품교육 이론에 대하여 배려 및 긍정적인 태도와 관련한 문항을 재분류하였다. 먼저, 분석결과 배려는 요인1(감사/배려), 요인4(경청/배려), 요인10(배려)에 분산되었다. 이는 감사, 배려, 경청의 세 주제성품이 타인과의 관계맺음과 관련된 주제성품으로서, 본질적으로 '마음씀'의 태도를 통해 드러나기 때문에 나타난 결과로 볼 수 있다. 그러나 앞의 이론적 배경에서 검토한 바와 같이 이영숙 박사의 한국형 12성품교육에서는 다양한 삶의 상황을 고려하고 있으며 공감인지능력의 내용 특성을 더욱 세분화하여 명료화한다는 점에 따라 문항 내용을 재검토하였다. 이에 감사와 연관이 높은 배려 4개 문항과 경청과 관련이 높은 배려 5개 문항을 단일요인으로 분류된 배려 3개 문항과 함께 하나의 요인, 곧 배려에 해당하는 문항으로 재분류하였다. 다음으로, 긍정적인 태도는 요인2(기쁨/긍정적인 태도)와 요인12(긍정적인 태도)에 분산되었다. 기쁨과 긍정적인 태도가 요인2로 묶여 분류된 것은 두 주제성품에서 드러나는 인간 의식의 궁극적인 특징이 자기 자신으로서 존재감을 느끼며 스스로 삶의 문제들에 반응해가는 것으로 공통적이기 때문이다. 다만 한국형 12성품 척도에서는 이러한 의식의 한 가지 표현 양식으로서 긍정적인 태도가 삶의 역경이나 고통의 상황에서 발휘되는 태도라고 보았고, 또 다른 표현 양식으로서 기쁨은 일상적 삶에서 발견되는 생활 태도로 보았다. 따라서 요인2는 각각의 문항이 고려하는 삶의 상황과 측정하고자 하는 내용 특성에 따라 문항을 두 묶음으로 구분해냈다. 여기서 구분된 긍정적인 태도 7개 문항과 단일요인으로 분류된 긍정적인 태도 3개 문항을 함께 하나의 요인, 곧 긍정적인 태도에 해당하는 문항으로 재분류하였다.

결과적으로, 한국형 12성품 척도는 경청 15개 문항, 긍정적인 태도 10개 문항, 기쁨 14개 문항, 배려 12개 문항, 감사 11개 문항, 순종 14개 문항, 인내 13개 문항, 책임감 13개 문항, 절제 10개 문항, 창의성 13개 문항, 정직 13개 문항, 지혜 12개 문항으로, 총 150문항으로 구성된다. 이 총 150개 문항은 다시 공감인지능력과 분별력의 두 가지 핵심 덕목으로 구분된다. 경청, 긍정적인 태도, 기쁨, 배려, 감사, 순종으로 구성된 공감인지능력은 총 76개 문항, 인내, 책임감, 절제, 창의성, 정직, 지혜로 구성된 분별력은 총 74개 문항이다. 최종적으로 확정된 한국형 12성품 척도는 다음 〈표Ⅲ-19〉와 같다(동일 표 '[부록4] 한국형 12성품교육 최종문항'으로 별도 첨부).

⟨표 III-19⟩ 한국형 12성품 척도 최종문항

구분	주제성품	번호	문항내용
공감인지능력	경청 (15)	1	나는 상대의 말에 집중한다.
		2	나는 대화할 때 상대의 이야기를 집중해서 듣는다.
		3	나는 이야기하는 사람에게 최대한 관심을 집중한다.
		4	나는 다른 사람의 말을 흘려듣지 않는다.
		5	다른 사람이 말할 때, 이야기의 흐름을 잘 따라가는 편이다.
		6	다른 사람들은 내가 자신의 이야기를 잘 들어준다고 말한다.
		7	나는 다른 사람의 입장에서 이야기를 듣는다.
		8	다른 사람이 나에게 고민을 털어놓을 때에는 특히 더 집중하려고 노력한다.
		9	나는 이야기를 들을 때 다른 사람의 마음에 공감하려고 애쓴다.
		10	나는 이야기를 들을 때 상대를 마주본다.
		11	나는 이야기를 들을 때 상대의 눈을 바라본다.
		12	나는 대화할 때 고개를 끄덕이거나 "그래 그렇구나"와 같은 반응을 한다.
		13	다른 사람들은 나와 대화할 때 소통이 잘 된다고 말한다.
		14	대화할 때 상대의 표정과 몸짓, 손짓에 관심을 집중한다.
		15	다른 사람들은 나와 대화할 때 존중받는 기분이 든다고 말한다.
	긍정적인 태도 (10)	16	나에게는 대체로 좋은 일들이 더 많이 일어날 것 같다.
		17	나는 내 미래에 대해 기대를 갖고 있다.
		18	나는 내 직업(학업)목표를 위해 노력하면 잘 될 것이라고 생각한다.
		19	나는 어려운 상황에 처해도 희망을 버리지 않는다.
		20	나는 어려운 상황에 처해도 좀처럼 절망하거나 비관하는 말을 하지 않는 편이다.
		21	힘든 상황에 처하는 경우에도, 나는 결국에는 해결할 수 있을 것이라고 생각한다.
		22	나는 새로운 일을 시작할 때, 잘 풀리길 기대한다.
		23	나는 삶이 힘들 때도 웃음과 여유를 잃지 않으려고 노력한다.

구분	주제 성품	번호	문항내용
공감 인지 능력		24	나는 어려운 상황에 처해도 좀처럼 절망하거나 비관하지 않는 편이다.
		25	나는 힘들거나 답답한 상황에서도 유머를 잃지 않는다.
	기쁨 (14)	26	나는 스스로를 자랑스럽게 생각한다.
		27	나는 나 자신을 있는 그대로 존중한다.
		28	나는 나 자신을 믿고 즐겁게 생활한다.
		29	나는 내가 가치 있는 존재라는 생각을 자주 한다.
		30	나는 내 자신에 대해서 대체적으로 만족한다.
		31	나는 스스로에게 가치 있는 존재라고 자주 말한다.
		32	나는 내 일상을 소중하게 생각한다.
		33	나는 자기 계발을 위해 노력한다.
		34	나는 나의 성장을 위한 배움을 즐거워한다.
		35	나는 나에게 중요한 것을 이루어 나가는 과정이 즐겁다.
		36	나는 나의 장점을 찾고 계발한다.
		37	나는 내 몸을 위해 건강에 도움이 되는 음식을 선택한다.
		38	나는 내가 마음속으로 정한 것을 이루기 위해 즐겁게 노력한다.
		39	나는 내가 바라는 것을 이루기 위해서 노력하는 과정이 즐겁다.
	배려 (12)	40	나는 다른 사람들을 밝은 표정으로 대한다.
		41	나와 함께 있는 다른 사람들이 편안하도록 수시로 관찰하고 보살핀다.
		42	나는 어려운 일을 당한 친구를 보면 나의 일처럼 느껴진다.
		43	주변에 힘들어하는 사람이 있으면 마음을 쓰는 편이다.
		44	나는 필요하다면, 다른 사람을 향한 격려를 아끼지 않는다.
		45	나는 여러 사람과 일을 할 때, 다른 사람의 감정을 생각하는 편이다.
		46	나는 위로가 필요한 사람이 있으면 곁에 있어주는 편이다.
		47	나는 대화할 때, 내 의견만 주장하지 않고 상대의 의견도 묻는다.
		48	나와 함께 있는 다른 사람들이 편안하도록 노력한다.
		49	사람들을 만나고 나서, 나는 내가 한 말이 다른 사람을 불쾌하게 하지 않았는지 생각해 본다.

구분	주제 성품	번호	문항내용
공감 인지 능력		50	사람들을 만나고 나서, 나는 내가 한 행동이 다른 사람을 불쾌하게 하지 않았는지 생각해 본다.
		51	나는 다른 사람의 마음을 신경 쓰며 생각하고 행동한다.
	감사 (11)	52	나는 하루에 한 가지씩은 감사할 일들을 찾아보려 한다.
		53	나는 주변 사람들에 대한 고마움을 자주 떠올린다.
		54	나는 고마운 마음을 잊지 않고 자주 떠올리려고 노력한다.
		55	나에게 주어진 것들에 대한 고마운 마음을 자주 떠올린다.
		56	나는 사람들에게 고마운 마음을 잘 표현하는 편이다.
		57	나는 친구들을 소중하게 생각하고 고마운 마음을 표현한다.
		58	나는 고마운 마음을 전하기 위해 편지나 선물 등을 준비하기도 한다.
		59	나에게 주어진 것들을 자주 떠올리고 감사한다.
		60	나는 '고맙습니다'라는 말을 자주 사용한다.
		61	나는 고마운 사람들에게 마음을 어떻게 표현할지 생각하곤 한다.
		62	나에게 주어진 것들에 대해 진심으로 소중하게 생각한다.
	순종 (14)	63	나는 나를 돌보아 주시는 분들을 존경하는 마음을 가지고 있다.
		64	나를 돌보아 주시는 분들의 훌륭한 점을 닮고 싶다.
		65	나를 돌보아 주시는 분들의 노력에 감동하곤 한다.
		66	나는 나를 돌보아 주시는 분들께 공손하게 대하려고 노력한다.
		67	나는 나를 돌보아 주시는 분들의 자랑이 되고 싶다.
		68	나는 나의 멘토에 대해 존경하는 마음을 갖고 있다.
		69	나는 멘토의 훌륭한 점을 닮고 싶다.
		70	나를 ~~~~~ 함께 있을 때에는 예의 바르게 행동하려고 노력한다.
		71	나를 보호하고 있는 사람들(부모님 등)을 사랑하기 때문에 그들의 지시를 따른다.
		72	내가 약할 때 받아왔던 것들을, 내가 도울 힘이 생기게 되면 보답해드리고 싶다.

구분	주제 성품	번호	문항내용
공감 인지 능력		73	나를 보호하고 있는 사람들(부모님 등)을 존경하기 때문에 그들의 지시를 따른다.
		74	내가 예의 바르게 행동했을 때 뿌듯함을 느낀다.
		75	나는 내가 공경해야 할 대상이 누구인지 알고 있다.
		76	나를 보호하고 있는 사람들(부모님 등)의 말씀을 잘 따른다.
분 별 력	인내 (13)	77	나는 새로운 것을 배울 때 잘 되지 않더라도 여러 번 반복해 보려고 노력한다.
		78	나는 어려운 과제(일)라도 당황하지 않고 끝까지 매달려 본다.
		79	나는 한계라고 느껴지는 때에도 한 번 더 노력해 본다.
		80	나는 새로운 것을 배우기 위해 쉽게 포기하지 않고 꾸준히 노력할 수 있다.
		81	나는 해결해야 할 문제는 침착하게 끝까지 고민해 볼 수 있다.
		82	나는 생각처럼 되지 않는 일도 포기하지 않고 한 번 더 해본다.
		83	나는 해내고 싶은 일들을 반복해서 생각하며 과제(일)를 수행한다.
		84	나는 어려운 상황에서도 불평하지 않고 기다려 본다.
		85	나는 예상치 못한 상황이 닥쳤을 때에도 불평하지 않고 기다린다.
		86	나는 힘든 상황에 처했을 때, 침착할 수 있는 방법을 알고 있고 실제로 사용한다.
		87	나는 힘든 상황에서도 조급해하지 않고 기다리고자 노력한다.
		88	나는 조급해질 때, 침착할 수 있는 방법을 알고 있고 실제로 사용한다.
		89	나는 과제(일)를 할 때, 한계를 넘기고 끝까지 잘 수행했던 경험이 있다.
	책임 감 (13)	90	내가 맡은 과제(일)의 책임을 끝까지 내가 진다.
		91	내가 맡은 과제(일)를 할 때, 매사를 신중하게 처리하여 문제가 없도록 한다.
		92	내가 맡은 과제(일)에서 잘못된 부분은 책임지고 끝까지 수정한다.
		93	내가 맡은 일은 최선을 다 해야 한다고 생각한다.
		94	나중에라도 문제가 될 수 있는 행동을 했다면, 나에게는 그 결과에 대한 책임이 있다.

구분	주제 성품	번호	문항내용
분 별 력	책임 감 (13)	95	나는 내 결정이나 행동으로 인해 다른 사람들이 피해를 입지 않도록 하는 편이다.
		96	만일 위험을 예견하고도 적절한 행동을 하지 않는다면, 나는 그에 따른 결과를 책임져야 한다.
		97	나는 아주 사소한 행동이라도 문제가 되지 않도록 여러 번 생각해 본다.
		98	모든 일을 계획에 맞게 진행하는 것에 대한 책임은 나에게 있다.
		99	나에게 주어진 과제(일)는 끝까지 맡아서 수행하려고 한다.
		100	내가 선택하고 결정한 일의 책임은 나에게 있다.
		101	나는 약속은 반드시 지키고자 노력한다.
		102	나는 과제(일)를 할 때, 대략의 계획을 세워 미리 문제를 점검하는 편이다.
	절제 (10)	103	나는 욕을 하고 싶을 때에도, 참으려고 한다.
		104	나는 내 기분대로 행동하지 않는다.
		105	나는 다른 사람이 먼저 시비를 걸더라도 화내지 않고 말로 해결하려 노력한다.
		106	나는 갖고 싶은 물건이 있어도 필요하지 않으면 사지 않는다.
		107	나는 기분 나쁜 일이 있어도 마음대로 행동하지 않는다.
		108	나는 화가 나는 일이 있어도 다시 생각해서 행동한다.
		109	나는 텔레비전 시청(또는 스마트폰 사용)행위를 스스로 잘 조절한다.
		110	나는 과소비를 하고 싶을 때 참을 수 있다.
		111	나는 과소비를 하지 않는 편이다.
		112	나도 모르게 나쁜 습관이 나올 때 자제할 수 있다.
	창의 성 (13)	113	나는 남들과는 다른 방식으로 문제를 해결할 때가 있다.
		114	나는 기발하다는 이야기를 종종 듣는다.
		115	나는 다른 사람들이 해결하지 못한 문제를 나만의 방식으로 해결한 적이 있다.
		116	나는 기존의 방식을 바꿀 새로운 생각들이 떠오를 때가 있다.

구분	주제 성품	번호	문항내용
분 별 력	창의 성 (13)	117	나는 남들이 생각해내지 못하는 특이한 생각을 할 때가 있다.
		118	나는 일상적인 것을 보완하거나 바꿀만 한 아이디어가 떠오를 때가 있다.
		119	해결해야 할 문제(일)가 있을 때 내가 생각한 방법을 말하면 사람들이 놀라워할 때가 있다.
		120	나는 일상생활에서 흔히 볼 수 있는 것들을 사용해 특별한 것을 만든 적이 있다.
		121	나는 기존에 있던 것(물건, 정보 등)을 새로운 방법으로 활용하곤 한다.
		122	나는 사소한 것이라도 나만의 방법으로 참신하게 변화시켜 본 적이 있다.
		123	나는 문제를 해결할 때 여러 가지 방법들이 떠오를 때가 있다.
		124	사람들은 새로운 해결방법이 필요할 때 나에게 의견을 물을 때가 있다.
		125	나는 하나의 정보를 얻으면 다른 데에도 적용해 보고 싶다.
	정직 (13)	126	나는 다른 사람의 물건에 손대지 않는다.
		127	나는 다른 사람의 물건을 훔치지 않는다.
		128	나는 이유 없이 다른 사람을 속이는 것은 잘못이라고 생각한다.
		129	나는 양심에 따라 행동한다.
		130	나는 이유 없이 거짓말을 하지 않으려고 노력한다.
		131	나는 이익을 떠나 옳은 일을 하려고 노력한다.
		132	나는 물건을 샀을 때 계산이 잘못되어 있다면 점원에게 말한다.
		133	나는 내 잘못에 대해 솔직하게 말한다.
		134	나는 다른 사람의 글을 내 글인 것처럼 쓰지 않는다.
		135	나는 실수했을 때 솔직하게 말한다.
		136	나는 다른 사람의 생각을 내 생각인 것처럼 말하지 않는다.
		137	내가 실수한 것이 있으면 먼저 사과한다.
		138	나는 개인적인 이익이 주어지더라도 다른 사람에게 거짓말은 하지 않는다.

구분	주제성품	번호	문항내용
분별력	지혜(12)	139	나는 다른 사람들의 삶의 경험(이야기)에 관심을 가지고 있다.
		140	나는 다른 사람들의 삶의 경험(이야기)에서 배울 점이 있다고 생각한다.
		141	내 삶의 경험이 다른 사람에게 도움을 줄 수도 있다고 생각한다.
		142	사람들과 삶의 경험(이야기)을 나눌 수 있는 기회가 더 많아져야 한다고 생각한다.
		143	다른 사람들과 삶의 경험을 이야기하고 나누는 것은 의미있는 일이라고 생각한다.
		144	나는 어려운 상황에 있는 사람에게 내가 문제를 해결했던 경험을 이야기해 준 적이 있다.
		145	내가 한 말이나 행동이 다른 사람에게 도움이 된 적이 있다.
		146	내 삶의 경험이 다른 사람의 문제를 해결하는 데 도움이 된 적이 있다.
		147	다른 사람의 문제 해결 경험을 듣고, 내 문제에 대해서도 깊이 생각해 보게 되었던 적이 있다.
		148	다른 사람의 말이나 생각이 나에게 도움이 된 적이 있다.
		149	다른 사람들과 삶의 경험을 이야기할 때 나는 관련된 모든 상황을 고려한다.
		150	나는 다른 사람에게 조언할 때, 예상되는 다양한 문제들을 생각해 본다.

한국형 12성품 척도의 각 주제성품별 신뢰도

최종확정한 한국형 12성품 척도 150문항의 개별 주제성품별 문항 간 내적 일치도(Cronbach' α)는 아래 〈표III-20〉과 같다. 각 주제성품의 신뢰도는 .897~.956으로 높았다.

〈표 III-20〉 주제성품별 신뢰도

구분	번호	주제성품	문항수	Cronbach' α
공감인지능력	1	경청	15	.918
	2	긍정적인 태도	10	.897
	3	기쁨	14	.949
	4	배려	12	.926
	5	감사	11	.926
	6	순종	14	.949
분별력	7	인내	13	.947
	8	책임감	13	.939
	9	절제	10	.902
	10	창의성	13	.949
	11	정직	13	.934
	12	지혜	12	.956

한국형 12성품의 각 주제성품 간 상관

한국형 12성품의 주제성품 간 상관관계를 조사하기 위하여, 개별 주
제성품 해당 문항의 평균을 내어 주제성품별로 평균 변수를 생성하였다.
이 주제성품별 평균 변수를 사용하여 분석한, 각 주제성품의 평균, 표준편
차 및 사례수와 주제성품 간 Pearson상관계수는 다음의 〈표Ⅲ-21〉과 〈표Ⅲ
-22〉와 같다.

〈표 Ⅲ-21〉 주제성품 평균, 표준편차 및 사례수

주제성품	M	SD	N
경청	3.99	.536	603
긍정적인 태도	3.40	.603	604
기쁨	3.77	.715	603
배려	3.95	.613	601
감사	3.76	.698	607
순종	4.01	.654	599
인내	3.64	.726	592
책임감	3.91	.647	587
절제	3.61	.717	598
창의성	3.54	.771	590
정직	4.03	.658	589
지혜	3.89	.732	588

〈표 III-22〉 한국형 12성품 주제성품 간 상관관계

		1	2	3	4	5	6	7	8	9	10	11	12
1	경청	1											
2	긍정적인 태도	.607	1										
3	기쁨	.565	.811	1									
4	배려	.721	.623	.644	1								
5	감사	.631	.646	.698	.759	1							
6	순종	.585	.562	.605	.730	.715	1						
7	인내	.502	.639	.678	.616	.676	.623	1					
8	책임감	.598	.583	.631	.727	.693	.778	.744	1				
9	절제	.490	.533	.579	.581	.558	.552	.745	.629	1			
10	창의성	.429	.552	.565	.534	.593	.500	.703	.598	.626	1		
11	정직	.579	.485	.531	.634	.571	.656	.581	.685	.603	.520	1	
12	지혜	.591	.527	.577	.701	.642	.672	.650	.733	.607	.652	.743	1

**모든 계수 .01 수준에서 유의함

한국형 12성품의 각 주제성품 최종문항의 평균과 표준편차

최종 확정한 한국형 12성품 각 주제성품의 학교급별 문항 평균과 표준
편차는 다음 〈표Ⅲ-23〉과 같다. 평균과 표준편차 분석에는 해당 문항의 평균
을 낸 주제성품 평균 변수를 사용하였다.

〈표 Ⅲ-23〉 학교급별 문항 평균 및 표준편차

구분	번호	주제성품	중학교		고등학교		최종문항 번호	문항수
			M	SD	M	SD		
공감인지능력	1	경청	3.97	.547	4.01	.525	1~15	15
	2	긍정적인 태도	3.44	.589	3.35	.613	16~25	10
	3	기쁨	3.85	.698	3.71	.727	26~39	14
	4	배려	3.92	.614	3.98	.613	40~51	12
	5	감사	3.79	.693	3.73	.701	52~62	11
	6	순종	4.00	.650	4.02	.658	63~76	14
분별력	7	인내	3.71	.744	3.58	.705	77~89	13
	8	책임감	3.92	.663	3.89	.633	90~102	13
	9	절제	3.69	.702	3.53	.722	103~112	10
	10	창의성	3.62	.765	3.46	.768	113~125	13
	11	정직	4.02	.650	4.04	.665	126~138	13
	12	지혜	3.85	.740	3.91	.724	139~150	12

학교급에 따른 차이

최종 확정한 한국형 12성품 척도의 학교급 차이를 비교하기 위하여 t-검정(t-test)을 실시하였다. 분석결과 기쁨(t=2.406, p<.05), 인내(t=2.122, p<.01), 절제(t=2.837, p<.01), 창의성(t=2.624, p<.01)에서 학교급간 차이가 있었고, 네 주제성품 모두 중학생의 평균이 고등학생보다 높게 나타났다. 분석결과는 다음 〈표III-24〉와 같다.

〈표 III-24〉 학교급별 차이

주제성품	학교급	N	M	SD	t	사후검정
경청	중학교	297	3.97	.547	-1.029	
	고등학교	306	4.01	.525		
긍정적인 태도	중학교	294	3.44	.589	1.707	
	고등학교	310	3.35	.613		
기쁨	중학교	296	3.85	.698	2.406*	중〉고
	고등학교	307	3.71	.727		
배려	중학교	292	3.92	.614	-1.111	
	고등학교	309	3.98	.613		
감사	중학교	296	3.79	.693	1.154	
	고등학교	311	3.73	.701		
순종	중학교	291	4.00	.650	-.442	
	고등학교	308	4.02	.658		
인내	중학교	280	3.71	.744	2.122*	중〉고
	고등학교	312	3.58	.705		
책임감	중학교	280	3.92	.663	.500	
	고등학교	307	3.89	.633		
절제	중학교	290	3.69	.702	2.837**	중〉고
	고등학교	308	3.53	.722		

주제성품	학교급	N	M	SD	t	사후검정
창의성	중학교	283	3.62	.765	2.624**	중〉고
	고등학교	307	3.46	.768		
정직	중학교	281	4.02	.650	-.462	
	고등학교	308	4.04	.665		
지혜	중학교	278	3.85	.740	-.974	
	고등학교	310	3.91	.724		

*p〈.05, **P〈.01

성별에 따른 차이

최종 확정한 한국형 12성품 척도의 성별 차이를 비교하기 위하여 t-검정(t-test)을 실시하였다. 분석결과 경청(t=-.3170, p〈.01), 긍정적인 태도(t=2.653, p〈.01), 기쁨(t=3.090, p〈.01), 인내(t=2.205, p〈.05), 절제(t=2.672, p〈.01), 창의성(t=2.672, p〈.01), 정직(t=-1.994, p〈.05)에서 성별에 따른 차이가 있었고, 경청, 인내, 정직의 경우 여학생의 평균이, 긍정적인 태도, 기쁨, 절제, 창의성의 경우 남학생의 평균이 더 높게 나타났다. 분석결과는 다음 〈표Ⅲ-25〉와 같다.

〈표 Ⅲ-25〉 성별 차이

주제성품	성별	N	M	SD	t	사후검정
경청	남자	247	3.91	.598	-3.170**	여〉남
	여자	353	4.05	.482		
긍정적인 태도	남자	252	3.47	.675	2.653**	남〉여
	여자	349	3.34	.539		
기쁨	남자	245	3.88	.764	3.090**	남〉여
	여자	355	3.70	.669		

주제성품	성별	N	M	SD	t	사후검정
배려	남자	245	3.92	.711	-1.003	
	여자	353	3.97	.538		
감사	남자	249	3.77	.773	0.434	
	여자	355	3.75	.642		
순종	남자	247	4.00	.697	-.240	
	여자	349	4.02	.625		
인내	남자	240	3.89	.710	2.205*	여〉남
	여자	345	3.92	.602		
책임감	남자	241	3.72	.771	-.545	
	여자	348	3.59	.691		
절제	남자	246	3.70	.787	2.672**	남〉여
	여자	349	3.54	.658		
창의성	남자	238	3.67	.786	3.375**	남〉여
	여자	349	3.45	.748		
정직	남자	241	3.96	.712	-1.994*	여〉남
	여자	345	4.08	.614		
지혜	남자	239	3.84	.797	-1.161	
	여자	347	3.92	.683		

$*p < .05, **P < .01$

학교급-성품교육 실시여부에 따른 차이

최종 확정한 한국형 12성품 척도의 학교급-성품교육 실시여부에 따른 차이를 비교하기 위하여 일원변량분석(one-way ANOVA)을 실시하였다. 분석을 위해 학교급과 성품교육 실시여부를 기준으로 [그림III-2]와 같이 네 개 집단으로 구분하였다: (a)중-실시, (b)중-미실시, (c)고-실시, (d)고-미실시.

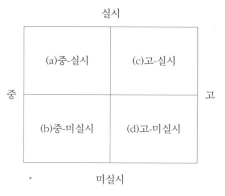

그림 III-2. 학교급-성품교육실시여부 집단구분

    학교급-성품교육 실시여부를 기준으로 구분한 네 집단의 평균을 비교한 결과는 다음 〈표Ⅲ-26〉과 같다. 분석 결과, 네 집단 간 차이가 있는 주제성품은 절제(F=4.725, p<.01)와 창의성(F=4.266, p<.01)으로, 두 경우 모두 성품교육을 실시한 중학생의 평균이 가장 높았다.

〈표 III-26〉 학교급-성품교육 실시여부에 따른 일원변량분석 결과

주제성품	집단	N	M	SD	F	사후검증
경청	(a)중-실시	87	3.97	.544	1.569	
	(b)중-미실시	210	3.97	.550		
	(c)고-실시	58	4.13	.446		
	(d)고-미실시	248	3.99	.539		
	전체	603	3.99	.536		
긍정적인 태도	(a)중-실시	85	3.43	.620	.981	
	(b)중-미실시	209	3.44	.578		
	(c)고-실시	58	3.36	.456		
	(d)고-미실시	252	3.35	.644		
	전체	604	3.40	.603		

주제성품	집단	N	M	SD	F	사후검증
기쁨	(a)중-실시	88	3.87	.717	2.267	
	(b)중-미실시	208	3.84	.691		
	(c)고-실시	58	3.63	.556		
	(d)고-미실시	249	3.72	.761		
	전체	603	3.77	.715		
배려	(a)중-실시	86	3.97	.609	.818	
	(b)중-미실시	206	3.90	.617		
	(c)고-실시	59	3.92	.441		
	(d)고-미실시	250	3.99	.647		
	전체	601	3.95	.613		
감사	(a)중-실시	89	3.78	.701	.959	
	(b)중-미실시	207	3.80	.692		
	(c)고-실시	59	3.63	.543		
	(d)고-미실시	252	3.75	.732		
	전체	607	3.76	.698		
순종	(a)중-실시	86	3.95	.630	1.855	
	(b)중-미실시	205	4.02	.659		
	(c)고-실시	59	3.88	.512		
	(d)고-미실시	249	4.06	.685		
	전체	599	4.01	.654		
인내	(a)중-실시	79	3.79	.780	1.989	
	(b)중-미실시	201	3.68	.728		
	(c)고-실시	59	3.58	.605		
	(d)고-미실시	253	3.59	.728		
	전체	592	3.64	.726		

주제성품	집단	N	M	SD	F	사후검증
책임감	(a)중-실시	81	3.98	.664	.845	
	(b)중-미실시	199	3.90	.663		
	(c)고-실시	58	3.82	.501		
	(d)고-미실시	249	3.91	.660		
	전체	587	3.91	.647		
절제	(a)중-실시	83	3.80	.628	4.725**	a>b,c,d
	(b)중-미실시	207	3.65	.727		
	(c)고-실시	58	3.47	.545		
	(d)고-미실시	250	3.54	.758		
	전체	598	3.61	.717		
창의성	(a)중-실시	78	3.75	.809	4.266**	a>b,c,d
	(b)중-미실시	205	3.58	.744		
	(c)고-실시	59	3.31	.650		
	(d)고-미실시	248	3.49	.791		
	전체	590	3.54	.771		
정직	(a)중-실시	76	3.98	.637	.466	
	(b)중-미실시	205	4.03	.656		
	(c)고-실시	59	3.97	.613		
	(d)고-미실시	249	4.06	.677		
	전체	589	4.03	.658		
지혜	(a)중-실시	71	3.89	.708	.592	
	(b)중-미실시	207	3.84	.752		
	(c)고-실시	58	3.84	.619		
	(d)고-미실시	252	3.93	.747		
	전체	588	3.89	.732		

$**p<.01$

2

이영숙 박사의 한국형 12성품 척도 타당화

가. 준거변인 탐색

1) 교육부 표준화 인성검사

한국형 12성품 척도의 준거타당도 검증에 사용한 준거변인은 교육부가 지원하고 한국교육개발원에서 개발한 표준화 인성검사이다. 표준화 인성검사는 자기존중 7개 문항, 성실 8개 문항, 배려·소통 10개 문항, 사회적 책임 6개 문항, 예의 7개 문항, 자기조절 6개 문항, 정직·용기 7개 문항, 지혜 6개 문항, 정의 5개 문항, 시민성 8개 문항으로, 총 10개 하위요인으로 구성된다.

이 표준화 인성검사는 대규모 학생들을 대상으로 타당성이 입증된 포괄적이고 종합적인 인성도구를 개발하였다는 점에서(현주 외, 2015), 한국형 12성품 척도의 타당도를 검증하는 준거변인으로 적합할 것으로 판단하였다(표준화 인성검사에 대한 구체적 내용과 한국형 12성품교육의 12가지 주제성품 간 정의 비교는 '2장 이론적 배경'의 '라. 한국형 12성품교육의 12가지 주제성품과 KEDI 인성검사의 인성 덕목 비교' 참고).

나. 공인타당도 검증

1) 상관분석

한국형 12성품 척도는 "한 사람의 생각, 감정, 행동의 표현"인 성품을(이
영숙, 2005), 표준화 인성검사는 "보다 긍정적이고 건전한 개인의 삶과 사회적
삶을 위해 갖추어야 할 바람직한 성격 특질과 역량"인 인성을(현주 외, 2015) 측
정한다는 점에서, 높은 상관을 기대할 수 있다. 한국형 12성품 척도의 준거
타당도를 검증하기 위해, 한국형 12성품교육의 각 주제성품의 평균 변수와
표준화 인성검사의 각 하위 덕목의 평균 변수를 생성하여 분석에 사용하였
다. 분석 결과, 모든 Pearson상관계수가 .01 수준에서 통계적으로 유의하였
는데, 이를 통해 한국형 12성품 척도가 타당한 척도임을 알 수 있다. 상관분
석 결과는 다음 〈표III-27〉과 같고, 이 중에서 상관계수가 0.6이상으로 높은
상관을 나타내는 경우 음영 표시를 하였다.

〈표 III-27〉 한국형 12성품 척도와 교육부 표준화 인성검사 상관관계

	자기 존중	성실	배려/ 소통	(사회적) 책임	예의	자기 조절	정직/ 용기	지혜	정의	시민성
경청	.430	.401	.609	.583	.505	.472	.519	.532	.477	.482
	(568)	(570)	(566)	(567)	(570)	(570)	(568)	(572)	(574)	(569)
긍정적인 태도	.612	.549	.544	.546	.496	.515	.539	.563	.466	.486
	(570)	(573)	(570)	(570)	(573)	(573)	(571)	(574)	(575)	(571)
기쁨	.695	.602	.556	.554	.549	.564	.547	.595	.505	.521
	(573)	(573)	(570)	(571)	(572)	(572)	(570)	(573)	(575)	(572)
배려	.537	.507	.709	.666	.605	.600	.632	.600	.606	.611
	(570)	(571)	(569)	(570)	(571)	(571)	(569)	(572)	(574)	(570)

	자기 존중	성실	배려/ 소통	(사회적) 책임	예의	자기 조절	정직/ 용기	지혜	정의	시민성
감사	.552	.579	.638	.605	.553	.591	.605	.599	.543	.554
	(577)	(578)	(574)	(576)	(578)	(578)	(576)	(579)	(581)	(577)
순종	.563	.485	.677	.678	.704	.558	.609	.580	.598	.625
	(569)	(571)	(567)	(568)	(571)	(571)	(569)	(572)	(574)	(570)
인내	.583	.688	.641	.632	.520	.668	.627	.660	.555	.524
	(566)	(568)	(565)	(565)	(568)	(569)	(567)	(568)	(570)	(566)
책임감	.580	.577	.708	.738	.639	.592	.647	.648	.616	.611
	(560)	(563)	(559)	(559)	(562)	(562)	(560)	(562)	(564)	(560)
절제	.495	.628	.585	.602	.511	.675	.605	.597	.539	.502
	(572)	(575)	(570)	(571)	(573)	(573)	(571)	(574)	(576)	(572)
창의성	.533	.593	.593	.566	.476	.589	.594	.656	.499	.490
	(569)	(570)	(567)	(567)	(570)	(571)	(568)	(570)	(572)	(569)
정직	.584	.507	.698	.718	.719	.593	.733	.653	.691	.662
	(569)	(571)	(567)	(568)	(570)	(571)	(568)	(571)	(573)	(569)
지혜	.594	.563	.786	.763	.685	.623	.728	.745	.698	.657
	(572)	(573)	(569)	(570)	(572)	(572)	(570)	(573)	(575)	(571)

Pearson 상관계수(사례수)   **모든 계수 .01 수준에서 유의함

2) 한국형 12성품 척도와 교육부 표준화 인성검사 상관분석 결과

한국형 12성품 척도와 표준화 인성검사의 상관관계를 측정한 결과, 기본적으로 모든 요인들이 서로 통계적으로 유의미한 상관을 나타냈다. 그 중에서도 0.6이상의 높은 상관을 나타내는 요인들이 있었다.

한국형 12성품교육의 경청은 표준화 인성검사의 배려·소통과 높은 상

관을 나타냈다(r=.609, p<.01). 이는 대화 상황에서의 듣기에 초점을 두어 문항을 구성한, 한국형 12성품교육의 경청이 표준화 인성검사의 소통과 유사한 요인임을 시사한다.

긍정적인 태도의 경우, 표준화 인성검사의 자기존중 덕목과 높은 상관을 나타냈다(r=.612, p<.01). 이는 개인이 가지는 낙관성과 힘든 상황에서의 마음가짐에 초점을 두어 문항을 구성한, 한국형 12성품교육의 긍정적인 태도가 미래에 대한 낙관성을 포함하는 표준화 인성검사의 자기존중 덕목과 유사함을 시사한다.

기쁨의 경우, 표준화 인성검사의 자기존중(r=.695, p<.01)과 성실(r=.602, p<.01) 덕목과 높은 상관을 나타냈다. 이는 스스로에 대한 긍정적인 태도와 일상생활 중에서 겪은 사건에 대한 순간의 반응에 초점을 두어 문항을 구성한, 한국형 12성품교육의 기쁨이 자기에 대한 존중과 발전적인 선택을 지향하는 성실 덕목과 유사함을 시사한다.

배려는 표준화 인성검사의 자기존중과 성실 덕목을 제외한 8개 덕목과 높은 상관을 나타냈다(r=.600~.709, p<.01). 이는 타인과의 관계 전반에 관련하고, 타인의 감정을 염두에 두고 행동하는 것에 초점을 두어 문항을 구성한, 한국형 12성품교육의 배려가 타인과의 관계와 신중함을 전제로 하는 표준화 인성검사의 덕목들, 곧 배려·소통, 사회적 책임, 예의, 자기조절, 정직·용기, 지혜, 정의, 시민성과 유사함을 시사한다.

감사의 경우, 표준화 인성검사의 배려·소통(r=.638, p<.01), 사회적 책임(r=.605, p<.01), 정직·용기(r=.605, p<.01) 덕목과 상관이 높았다. 이는 삶과 자신에 대한 충만함을 느끼는 상태일 뿐만 아니라 타인에 대한 감사를 포괄하는 한국형 12성품교육의 감사가 타인과의 관계적 차원인 배려·소통과 스스로에 대한 성찰을 기반으로 한다는 점에서 개인적 차원인 사회적 책임, 정직·용기 덕목과 관련이 있음을 시사한다.

순종의 경우, 배려·소통(r=.677, p<.01), 사회적 책임(r=.678, p<.01), 예의 (r=.704, p<.01), 정직·용기(r=.609, p<.01), 시민성(r=.625, p<.01)과 상관이 높았다. 이는 자신을 보호하고 있는 사람에 대한 존경하는 마음과 예의에 초점을 두 어 문항을 구성한, 한국형 12성품교육의 순종이 관계를 맺는 타인을 존중할 때 실천이 가능한 덕목들, 곧 배려·소통, 사회적 책임, 예의, 정직·용기, 시 민성 덕목과 유사함을 시사한다.

인내의 경우, 표준화 인성검사의 성실(r=.688, p<.01), 배려·소통(r=.641, p<.01), 사회적 책임(r=.632, p<.01), 자기조절(r=.668, p<.01), 정직·용기(r=.627, p<.01), 지혜(r=.660, p<.01)와 높은 상관을 나타냈다. 이는 '견디기 힘든 상황'에 서 기다리고 유지하는 행동에 초점을 두어 문항을 구성한, 한국형 12성품교 육의 인내가 성실, 배려·소통, 사회적 책임, 자기조절, 정직·용기, 지혜 덕 목에서 가정하는 개인의 기본적 태도와 관련이 있음을 시사한다.

책임감은 자기존중, 성실 및 자기조절과 같은 개인적인 성격을 띠는 덕 목을 제외한 7개 덕목과 상관이 높았다(r=.611~.738, p<.01). 이는 개인이 맡은 바에 대한 책임을 다하는 끈기 있는 태도와 행동에 초점을 두어 문항을 구성 한, 한국형 12성품교육의 책임감이 배려·소통, 사회적 책임, 예의, 정직·용 기, 지혜, 정의, 시민성과 같은 덕목에서 전제하는 자주적인 태도와 관련이 있음을 시사한다.

절제의 경우, 표준화 인성검사의 성실(r=.628 p<.01), 사회적 책임(r=.602, p<.01), 자기조절(r=.675, p<.01), 정직·용기(r=.605, p<.01) 덕목과 상관이 높았다. 이는 감정이나 유혹에 대한 자기조절능력에 초점을 두어 문항을 구성한, 한 국형 12성품교육의 절제가 성실, 사회적 책임, 자기조절, 정직·용기 덕목에 서 가정하는 '좋은 태도'와 관련이 있음을 시사한다.

창의성은 표준화 인성검사의 지혜 덕목과 상관이 높았다(r=.656, p<.01). 이는 새로운 생각과 적용할 수 있는 능력에 초점을 두어 문항을 구성한, 한

국형 12성품교육의 창의성이 현명한 판단 과정과 능력에 초점을 둔 지혜 덕목과 유사함을 시사한다.

정직의 경우, 자기 존중, 성실, 자기조절 덕목을 제외한 7개 덕목과 높은 상관을 나타냈다(r=.653~.733, p<.01). 이는 한국형 12성품교육의 정직이 가정하는 '옳은 태도'가 배려·소통, 사회적 책임, 예의, 정직·용기, 지혜, 정의, 시민성 덕목이 전제하는 '좋음'과 유사함을 시사한다.

지혜는 자기존중과 성실을 제외한 8개 덕목과 상관이 높았다(r=.623~.786, p<.01). 이는 지혜의 유익을 인식할 뿐만 아니라 이를 타인과 나눌 줄 아는 태도에 초점을 두어 문항을 구성한, 한국형 12성품교육의 지혜가 배려·소통, 사회적 책임, 예의, 자기조절, 정직·용기, 지혜, 정의, 시민성 덕목의 기본적 전제가 되는 성격적 특징 및 역량과 관련이 있음을 시사한다.

표준화 인성검사에서 인성은 "보다 긍정적이고 건전한 개인의 삶과 사회적 삶을 위해 갖추어야 할 바람직한 성격 특질과 역량"으로, 각 덕목은 '바람직함'에 대한 가치를 반영한 개념임을 알 수 있다. 한국형 12성품교육의 성품 개념 역시, "한 사람의 생각, 감정, 행동의 표현(이영숙, 2005[21])"으로 정의하며, 이 성품을 구성하는 핵심 덕목은 크게 공감인지능력과 분별력으로 구성하고 이 각각의 덕목에 해당하는 주제성품을 제시한다. 한국형 12성품 척도와 표준화 인성검사의 상관관계를 분석한 결과는 이 두 척도가 각각이 전제하는 '바람직함' 혹은 '좋음'에 대한 가치를 공유하고 있으며, 이 가치의 공유를 바탕으로 한국형 12성품 척도의 성품과 표준화 인성검사의 덕목 간 높은 상관으로 나타났음을 시사한다.

---

21   이영숙(2005). 부모 교사를 위한 성품교육 지도서-경청. 서울: 아름다운 열매. 16-18.

요약 및 제언

요약

　인성교육은 현재 우리나라에서 가장 큰 교육적 관심을 받고 있는 주제이자 교육 문제이다. 인성교육에 대한 강조는 현대의 사회문화적 환경 변화에 따른 문제들을 궁극적으로 검토하고 해결하려는 교육적 노력이라고 할 수 있다. '인성(人性)'은 "한 개인이 통합적으로 보여주는 품성, 덕성, 인품, 인격 등과 같은 계열언어를 함축하는 개념(박균섭, 2008)[1]"으로서 사단법인 한국성품협회에서는 지난 10여 년간 인성과 인성교육에 대해 연구하고 실천해왔다. 사단법인 한국성품협회의 좋은나무성품학교 인성프로그램 개발자인 이영숙(2005)[2]은 그동안의 인성교육이 사람들의 생각과 행동을 본질적으로 변화시키지 못하고 있다는 점에 특히 주목하였다. 이에 사람의 성품이라는 뜻의 '인성'에서 '성품'을 키워드로 삼고 '한국형 12성품교육'을 창안하여 10년간 실천해왔다.

　한국형 12성품교육은 인성을 구체적으로 개념화·구조화하고 실천 방안을 제시한다. 교육 대상 또한 태아에서 노인까지 전 연령에 걸쳐있으며 국

1　박균섭(2008). 학교 인성교육론 비판. 교육철학, 8, 35-69.
2　이영숙(2005). 부모 교사를 위한 성품교육 지도서-경청. 서울: 아름다운 열매. 16-18.

적이 한국인 대한민국 국민뿐만 아니라 한국의 문화를 공유하고 한국의 정서적 특성을 지닌 모든 사람을 포함한다. 한국형 12성품교육은 다양한 환경의 사람들에게 포괄적으로 활용되어 왔으며 그 결과를 한국형 12성품교육론으로 종합하였다(이영숙, 2011[3]). 성품은 "한 사람의 생각, 감정, 행동의 표현(이영숙, 2005)[4]"으로서 세 영역이 개별적으로 분리되지 않고 조화를 이루어 경험 안에서 상호작용할 때 성품의 발달이 이루어진다(이영숙, 2007[5]).

성품의 핵심 덕목은 공감인지능력과 분별력의 두 가지 덕목을 제안하였다(이영숙, 2005). 공감인지능력(empathy)은 "다른 사람의 기본적인 정서, 즉 고통과 기쁨, 아픔과 슬픔에 공감하는 능력으로 동정이 아닌 타인에 대한 이해를 바탕으로 하여 정서적 충격을 감소시켜주는 능력"이다. 분별력(conscience)은 "인간의 기본적인 양심을 기초로 하여 선악을 구별하는 능력으로 올바른 생활과 건강한 시민정신, 도덕적인 행동을 위한 토대가 되는 덕목"이다. 공감인지능력과 분별력은 성품의 표현에 있어 각각 다른 영역을 담당하고 있다. 공감인지능력이 감정을 토대로 바른 태도와 행동을 함양하기 위한 것이라면 분별력은 기준, 가치, 지식에 대한 사고(思考)를 토대로 바른 태도와 행동을 이끌어내기 위한 덕목이다.

두 핵심 덕목인 공감인지능력과 분별력은 12가지 주제성품으로 구성된다(이영숙, 2011)[6]. 이는 핵심 덕목의 다양한 측면을 더욱 세분화하여 반영하고 있는 것이다. 공감인지능력은 6가지 주제성품, 경청, 긍정적인 태도, 기쁨, 배려, 감사, 순종으로 이루어진다. 분별력은 인내, 책임감, 절제, 창의성, 정

---

3 이영숙(2011). 한국형 12성품교육론. 서울: 좋은나무성품학교.

4 이영숙(2005). 앞의 책.

5 이영숙(2007). 이제는 성품입니다. 서울: 아름다운 열매.

6 이영숙(2011). 한국형 12성품교육론. 서울: 좋은나무성품학교.

직, 지혜의 6가지 주제성품으로 이루어져있다. 12가지 주제성품은 각기 서로 다른 측면에서 성품의 고양을 위한 지지대 역할을 수행한다. 이는 개념적으로는 분리되어 있지만 서로 밀접하게 관련되어 총체적인 덕을 이룸으로써 한 사람의 성품으로 나타나게 된다(이영숙, 2011)[7]. 한국형 12성품교육의 주제성품별 정의는 다음과 같다(이영숙, 2005)[8].

① 경청이란 상대방의 말과 행동을 잘 집중하여 들어 상대방이 얼마나 소중한지 인정해 주는 것이다.

② 긍정적인 태도란 어떠한 상황에서도 가장 희망적인 생각, 말, 행동을 선택하는 마음가짐이다.

③ 기쁨이란 어려운 상황이나 형편 속에서도 불평하지 않고 즐거운 마음을 유지하는 태도이다.

④ 배려란 나와 다른 사람 그리고 환경에 대하여 사랑과 관심을 갖고 잘 관찰하여 보살펴 주는 것이다.

⑤ 감사란 다른 사람이 나에게 어떤 도움이 되었는지 인정하고 말과 행동으로 고마움을 표현하는 것이다.

⑥ 순종이란 나를 보호하고 있는 사람들의 지시에 좋은 태도로 기쁘게 따르는 것이다.

⑦ 인내란 좋은 일이 이루어질 때까지 불평 없이 참고 기다리는 것이다.

⑧ 책임감이란 내가 해야 할 일들이 무엇인지 알고 끝까지 맡아서 잘 수행하는 태도이다.

⑨ 절제란 내가 하고 싶은 대로 하지 않고 꼭 해야 할 일을 하는 것이다.

---

[7]   상동.

[8]   이영숙(2005). 부모 교사를 위한 성품교육 지도서-경청. 서울: 아름다운 열매. 16-18.

⑩ 창의성이란 모든 생각과 행동을 새로운 방법으로 시도해 보는 것이다.

⑪ 정직이란 어떠한 상황에서도 생각, 말, 행동을 거짓 없이 바르게 표현하여 신뢰를 얻는 것이다.

⑫ 지혜란 내가 알고 있는 지식을 나와 다른 사람들에게 유익이 되도록 사용할 수 있는 능력이다.

인성교육과 관련하여 기존에 실시된 선행 연구들과 한국형 12성품교육을 비교, 검토해보면 한국형 12성품교육의 특색과 통합성을 잘 살펴볼 수 있다. 한국형 12성품교육은 기존의 인성 연구에서 제시한 인성 덕목들을 의미 면에서 포괄하고 있으며 최근 연구인 교육부의 '초·중등 학생 표준화 인성검사(KEDI 인성검사) 개발 연구(2013. 9. ~ 2014. 7.)'와 상응하고 있다. KEDI 인성검사에서 제시한 인성 덕목은 자기존중, 성실, 배려·소통, (사회적)책임, 예의, 자기조절, 정직·용기, 지혜, 정의, 시민성의 총 10개이다(현주 외, 2015). 이는 한국형 12성품교육의 12가지 주제성품과 의미와 맥락을 비교하였을 때 대체로 유사함을 알 수 있다.

KEDI 인성 덕목과 달리 한국형 12성품교육만의 특색이 발견되는 부분은 '긍정적인 태도'와 '기쁨' 등 자기 자신과 관련된 주제성품을 더욱 세분화하여 강조하고 있다는 점이다. 이는 우리나라의 관계주의 문화 특성과 현대의 사회·문화적 배경을 고려한 것으로 사람들이 자기 자신에 대해 알고 스스로를 존중함으로써 성품에 있어서의 균형과 조화를 이룰 수 있도록 하기 위함이다. 이어서 한국형 12성품교육에서 강조하고 있는 또 다른 태도는 '창의성'이다. 한국형 12성품교육에서의 창의성은 문제해결뿐만 아니라 일상적 삶에 있어서 스스로 자신의 사고방식을 검토하고 끊임없이 의식을 확장시켜 나가는 것으로서 인간의 생각, 감정, 행동 영역에서 변화의 동력이 되는 궁극적인 사고 태도라고 할 수 있다.

12가지 주제성품과 KEDI 인성 덕목의 의미를 각각 대응시켜 보았을 때, 직접 대응되지 않는 KEDI 인성 덕목이 '시민성'이다. 시민성은 한국인이 지녀야 할 덕목으로서 애국심, 타문화이해, 세계시민의식이라는 세 개 하위 요인으로 구성된 개념이다(현주 외, 2015)[9]. 그러나 한국형 12성품교육에서는 '한국인'을 한국의 문화와 정서적 특징을 지닌 인간으로 정의하여 한국 국적의 사람들, 재외 한국인, 북한 동포, 한국에 거주하는 다문화권 사람들 등을 모두 포괄하기 때문에 '시민성'의 덕목에서 제시하는 세계인으로서의 태도는 한국형 12성품교육의 12가지 주제성품에 이미 포함되어 있으며 태도의 근간이 되는 것으로 볼 수 있다. 세계인이 갖추어야 할 덕목으로서의 시민성은 인종, 국적 등 사회·문화·경제적 배경을 넘어 사람들이 서로를 있는 그대로의 존재 자체로 존중할 때 발휘되는 것이다. 이는 각 주제성품을 뒷받침하는 태도의 원리가 된다.

이러한 특색들을 볼 때 한국형 12성품교육은 오늘날 현대 사회를 살아가는 '한국인'을 더욱 다양한 측면에서 깊이 이해하고 근본적으로 변화시키고자 하는 시도이자 실천이라고 할 수 있다. 한국형 12성품교육은 한국인의 정서와 삶의 기본 바탕을 고려하고 끊임없이 변화해 갈 현대 사회에서 주체적으로 살아가기 위해 길러내야 할 주제성품들을 제시한다. 한국형 12성품교육은 공감인지능력과 분별력의 개념을 토대로 하여 12가지 주제성품들이 한국인의 삶 속에서 서로 균형과 조화를 이루어나가는 것을 도모하는 통합교육이다.

국외의 인성교육 동향을 살펴보면 인성교육의 필요성과 인성의 개념, 인성교육의 주요 덕목들, 교육 방법에 있어 한국형 12성품교육이 포함하고

---

9   현주, 한미영, 임소현(2015). 한국 초·중등학생을 위한 인성검사 개발 및 타당화. 한국심리학회지: 사회 및 성격, 29(1), 83-106.

있는 면과 나아가야 할 방향에 대한 시사점을 찾을 수 있다. 대표적으로 일본, 미국, 핀란드의 사례를 살펴본 바에 의하면 현대 사회의 발전과 변화에 따라 인성교육은 점차로 더 강조되고 있음을 알 수 있다. 학교와 사회의 문제들을 해결하고 근절하기 위한 방안이자 인간다운 인간을 길러내기 위한 노력으로서 인성교육은 교육에서 가장 중요한 부분이 되고 있다. 세 개 국가에서 인성은 인지적 측면(사고), 정의적 측면(감성), 행동적 측면(행동 또는 태도)으로 이해되고 있다. 하위 요인은 나라마다 조금씩 차이를 보이나 교육의 대상, 상황, 강조점에 따라 통합되고 분리될 수 있는 것으로 그 지향점은 유사하다고 할 수 있다. 인성교육을 실천함에 있어서는 특정 교과를 만들어 별도로 교육하는 것뿐만 아니라 교육 활동의 전 영역에 그 내용을 통합하는 방향으로 나아가고 있다. 교육 활동은 학생과 교사, 학부모, 지역사회, 국가적 차원의 다양하고 체계적인 진행과 적극적인 참여로 이루어진다.

위와 같은 이론적·경험적 기반을 바탕으로 사단법인 한국성품협회에서는 한국형 12성품교육의 방향 및 내용, 방법을 제시하는 구체적 자료를 마련하고 효과를 보다 객관적으로 검증해보고자 '한국형 12성품 척도'를 개발하였다. 문헌고찰과 새로운 문항 개발을 통해 생성한 문항으로 예비조사를 통해 문항의 수를 축소하는 문항개발과정이 있었다. 예비조사를 통해 확정한 한국형 12성품 본조사 문항을 사용하여 탐색적 요인분석을 실시하였고, KEDI에서 개발한 표준화 인성검사를 준거로 타당도를 검증하는 타당화 과정을 거쳤다. 다음의 [그림IV-1]과 같은 문항개발과정과 타당화 과정을 통해 개발된, 한국형 12성품 척도는 경청 15개 문항, 긍정적인 태도 10개 문항, 기쁨 14개 문항, 배려 12개 문항, 감사 11개 문항, 순종 14개 문항, 인내 13개 문항, 책임감 13개 문항, 절제 10개 문항, 창의성 13개 문항, 정직 13개 문항, 지혜 12개 문항으로, 총 150문항으로 구성된다(최종 한국형 12성품 척도는 [부록4] 참고). 한국형 12성품 척도 개발 연구는 개발한 척도의 활용방안 두 가지를 제시하는 것으로 마무리하고자 한다.

문항개발과정	타당화과정	척도 활용방안
-문헌고찰	-KMO & Bartlett 검정	-개별 주제성품 척도
-문항작성	-탐색적 요인분석 -신뢰도 분석	-성품유형검사
-Pilot test	-준거 타당도 검증	

그림 IV-1. **연구절차**

2

제언(척도 활용 방안)

1) 개별 주제성품 척도

한국형 12성품 척도는 공감인지능력의 6개 주제성품과 분별력의 6개 주제성품의 총 12가지 주제성품 각각을 측정하는 문항으로 구성된다. 한국형 12성품교육이 각각의 주제성품 단위로 프로그램을 진행한다는 점에서, 이 개별 주제성품에 해당하는 문항들 각각의 활용가치가 높다.

또한 이 각각의 주제성품 문항과 한국형 12성품 척도는 향후 성품교육에 관련한 다양한 연구에서 활용할 수 있다. 가령, 성품교육 실시 학교와 미실시 학교 간 비교, 진로 관련 연구, 학생의 배경이나 특성과의 관련성 연구 등의 진행을 통해 한국형 12성품교육의 효과성 및 학생의 삶과 성품의 관련 등을 분석할 수 있다.

2) 성품유형검사

한국형 12성품 척도는 12가지 주제성품의 문항을 동시에 조사하고 분석하여 개발했다. 요인분석을 통해 각각의 요인으로 분류된 주제성품들은 한국형 12성품교육에서 정의하는 성품의 각기 다른 요소라는 점에서, 이 척도

공감인지능력					
경청	배려	긍정적인 태도	기쁨	감사	순종
6.9	4.0	9.8	7.1	4.1	8.8

분별력					
인내	책임감	절제	지혜	창의성	정직
2.2	4.0	3.9	4.0	8.0	9.4

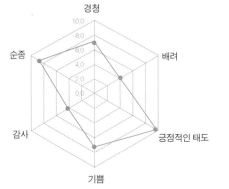 

그림 IV-2. 한국형 12성품 유형검사결과 예시

로 조사한 결과를 성품유형검사로 활용할 수 있다. 성품유형검사결과를 통해, 크게는 공감인지능력과 분별력의 균형을, 작게는 공감인지능력과 분별력 내에서 높게 나타나는 주제성품의 순서를 파악할 수 있다. 성품유형검사의 결과지는 다음 [그림IV-2]와 같다. 이때, 요인분석 결과, 감사와 배려, 기쁨과 긍정적인 태도, 경청과 배려가 상관이 높다는 점을 감안하여, 성품유형결과 상의 관련 성품들이 근접하도록 배치하였다.

한국형 12성품 척도를 성품유형검사로 활용할 경우, 학생 개개인의 강점과 약점 파악, 맞춤형 프로그램 운영의 판단자료로 활용할 수 있다. 뿐만 아니라, 향후 누적된 검사결과를 바탕으로 각 직업군별로 강조되는 성품유형 등을 정의하고 이후 진로교육의 기초자료로 사용하는 등의 다양한 활용을 기대할 수 있다.

본 연구는 10년에 걸친 교육실천을 바탕으로 하는 한국형 12성품교육을 척도화 할 수 있는 도구를 개발하고, 향후 연구 및 다양한 활용을 기대할 수 있게 한다는 의의를 가짐에도 불구하고, 표집에서의 두 가지 한계를 가진다. 첫째는 설문조사 대상이 전국에 고르게 분포하지 않는다는 점이다. 이를 보완하기 위해, 향후 지역을 고려한 추가적 표집을 반영하여 연구를 진행할 필요가 있다. 둘째는 성품교육을 실시한 학교와 실시하지 않은 학교의 분배가 고르지 않다는 점이다. 확정한 한국형 12성품 척도를 바탕으로 진행한 추가적인 분석에서의 한계로 작용하는데, 한국형 12성품교육의 효과성의 검증을 위해서는 성품교육 실시여부와 각 지역의 특성을 고려한 표집을 하여 후속 연구를 진행할 필요가 있다.

참 고 문 헌

김경미, 이영순(2011). 감사척도의 개발 및 타당화. 상담학연구, 12(6), 2029-2046.

김계현(2002). 카운셀링의 실제. 서울: 학지사.

김기수(1997). 아리스토텔레스의 '실천적 지혜'와 교육의 실제. 교육철학, 17, 9-27.

김민성(2009). 교수-학습 상황에서 '배려'의 개념화와 교육적 의미. 교육심리연구, 23(3), 429-458.

김민희, 민경환(2011). 한국판 지혜 척도의 개발 및 타당화. 한국심리학회지:일반, 30(4), 1231-1253.

김수동, 안재진, 이정연(2014). 배려척도 문항개발 연구. 사회과학연구, 25(1), 81-104.

김원중(2012). 한국 인성교육과 일본 유토리 교육 전개과정 비교. 교육이론과 실천, 22, 129-160.

김태훈(2014). '책임' 덕목에 관한 연구. 도덕윤리과교육, 43, 1-19.

남경희(1999). 일본의 교육개혁 보고서 상의 '살아가는 힘', 사회과교육학연구, 3, 1-21.

노안영, 강영신(2003). 성격 심리학. 서울: 학지사. 20-21.

노영천(2011). 한국인용 낙관성 척도의 개발 및 타당화. 부산대학교 박사학위청구논문.

노지혜, 이민규(2012). 한국판 감사 척도의 타당화. 한국심리학회지: 임상, 31(1), 329-354.

류청산 진홍섭(2006). 인성교육을 위한 인성덕목의 요인분석, 경인교육대학교 교육논총, 26(1), 146.

류한근(2011). 효의식 조사를 위한 척도 연구. 효학연구, 13, 105-121.

문부과학성(2008). 小学校学習指導要領解説(道徳編), 제3장 제2절, 42-64.

박균섭(2008). 학교 인성교육론 비판. 교육철학, 8, 35-69.

박순덕, 변순용(2015). 소크라테스식 개념 분석에 대한 연구-『카르미데스』에 나타난 절제 개념을 중심으로. 한국초등교육, 26(1), 211-224.

백미숙(2006). 의사소통적-치료적 관점에서 듣기와 공감적 경청의 의미. 독일언어문학, 34, 43-45.

서현아, 최남정(2012). '일상생활에서 창의적 사고하기'를 통한 창의성 교육의 개발과 효과검증. 창의력교육연구, 12(1), 127-154.

소연희(2004). 정서 창의성과 대인관계성향에 관한 분석. 교육방법연구, 16(2), 55-80.

손남익(2013). 국어 유의어의 의미 연구-구분(區分), 구별(區別), 분류(分類), 분별(分別)을 중심으로-. 우리어문연구, 45, 287-310.

송민정(2010). 기억확신, 책임감 및 스트레스가 강박증상에 미치는 영향: 부적응적 완벽주의의 매개

효과. 경상대학교 석사학위청구논문.

안범희(2005). 미국학교에서의 인성교육내용 및 특성연구. 강원인문논총, 13, 133-169.

양승실(2012). 창의적 체험활동을 통한 인성교육 활성화방안. 한국교육개발원.

엄기영(2003). 한국 전통사회 유년기 아동의 인성교육 고찰. 미래유아교육학회지, 10(4), 349-374.

윤내현(2010). 활동중심 게슈탈트 집단상담이 초등학생의 책임감 향상에 미치는 효과. 광주교육대학교 교육대학원 석사학위청구논문.

윤영선(2007). 청소년의 자기조절능력 관련변인 연구. 숙명여자대학교 박사학위청구논문.

윤정일, 허형, 이성호, 이용남, 박철홍, 박인우(2004). 신교육의이해. 서울: 학지사. 183-187.

윤종혁(2009). 일본의 교육과정 개편과 학교교육 변화. 교육정책네트워크정보센터, 한국교육개발원.

이경엽(2010). 굿문화의 전통과 문화적 정체성. 남도민속연구, 20, 201-246.

이명준(2011). 교과교육과 창의적 체험활동을 통한 인성교육 활성화 방안. 한국교육과정평가원.

이선영(2014). 창의성 계발과 교육을 위한 이론적 모형 탐색, 교육심리연구, 28(2), 353-369.

이수림, 조성호(2012). 한국판 지혜 척도의 개발 및 타당화 연구, 한국심리학회지:사회문제, 18(1), 1-26.

이연수(2012). 초등학생용 도덕성 검사(TM) 개발 및 타당화; '도덕적 주체로서의 나'영역을 중심으로, 초등교육연구, 25(4), 125-146.

이연수, 김성회(2009). 초등학생용 배려 척도 개발, 상담학연구, 10(4), 2479-2493.

이영숙(2005). 부모 교사를 위한 성품교육 지도서-경청. 서울: 아름다운 열매. 16-18.

이영숙(2007). 이제는 성품입니다. 서울: 아름다운 열매.

이영숙(2010). 성품양육 바이블. 서울: 물푸레

이영숙(2011). 한국형 12성품교육론. 서울: 좋은나무성품학교.

이영숙(2013). 인성을 가르치는 학교 만들기. 서울: 좋은나무성품학교.

이창봉(2011). 은유를 통한 '기쁨'의 이해. 가톨릭대학교 인간학연구소. 인간연구, 20, 197-229.

임경희(2010). 감사성향 척도 개발 및 타당화. 상담학연구, 11(1), 1-17.

임병덕(2013). 교육의 목적으로서의 인내: 키에르케고르의 관점. 도덕교육연구, 25(3), 1-17.

장성숙(2009). 사회병리현상과 정신건강. 한국예술심리치료학회 학술대회, 1, 1-8.

장임다혜(2007). 혈통 중심에서 생활공동체로의 가족 개념의 변화에 대한 모색-가족법, 건강가정기본법, 저출산고령사회기본법 및 기본계획-. 공익과 인권, 4(1), 101-124.

장희선, 문용린(2012). 정직과 전통적 가치의 갈등 상황에서 행동 선택과 정당화 방식 분석. 교육심리연구, 26(4), 951-982.

전병옥, 한기순(2012). 초등 영재아동을 위한 자기보고식 '지혜'척도 개발. 영재교육연구, 22(2), 427-450.

정은이, 박용한(2002). 일상적 창의성 척도의 개발 및 타당화. 교육문제연구, 17, 155-183.

정주리, 이기학(2007). 의미발견을 통한 의미추구와 주관적 안녕감의 모형 검증: 문제해결 책임감과 긍정적 재해석을 매개로. 상담학 연구, 8(4), 1309-1321.

정창우, 손경원, 김남준, 신호재, 한혜민, 양해성, 김하연, 하영근(2013). 학교급별 인성교육 실태 및 활성화 방안. 교육부 정책연구 보고서.

조성연(2014). 불확실성에 대한 인내력 부족 및 지각된 통제감이 걱정에 미치는 영향. 한양대학교 석사학위청구논문.

조한익(2009). 초등학교 고학년용 희망척도의 개발과 타당화 연구. 교육심리연구, 23(2), 323-342.

조한익(2012). 초등학교 고학년용 정서 창의성 척도의 개발과 타당화 연구. 초등교육연구, 25(4), 169-189.

조한익, 이미화(2010). 공감능력과 심리적 안녕감의 관계에서 친사회적 행동의 매개효과, 17(11), 139-158.

지은림, 도승이, 이윤선(2013). 인성지수 개발 연구. 교육부.

차경호, 홍기원, 김명소, 한영석(2006). 한국 성인의 자존감 구성요인 탐색 및 척도개발. 한국심리학회지: 일반, 25(1), 105-139.

최상진(1991). '恨'의 사회심리학적 개념화 시도. 한국심리학회 학술대회, 339-350.

최상진(1993). 한국인의 특성 : 심리학적 탐색 : 한국인의 심정심리학 : 정(情)과 한(恨)에 대한 현상학적 한 이해. 한국심리학회 대외심포지움, 3, 3-21.

최상진, 김기범(2000). 한국인의 심정심리(心情心理) : 심정의 성격, 발생과정, 교류양식 및 형태. 한국심리학회지: 일반, 18(1), 1-16.

최인재(2007). 한국형 부모-자녀관계 척도개발 연구. 청소년상담연구, 15(2), 45-56.

추병완(2015). 감사 연습의 도덕교육적 의의. 초등도덕교육, 47, 29-55.

한국교육개발원(2014). 초·중등 학생 표준화 인성검사 개발. 보도자료. 2014.08.19.

허경호(2003a). 포괄적인 대인 의사소통 능력 척도개발, 한국언론학보, 47(6), 380-408.

허경호(2003b). 텔레비전 시청 조절능력 척도 개발과 타당성 검증. 방송통신연구, 57 271-300.

허정경(2003). 학령기 아동의 자기조절능력 척도 개발과 관련된 변인 연구. 숙명여자대학교 박사학위청구논문.

현 주, 이혜영, 한미영, 서덕희, 류덕엽(2013). 초·중등 학생 인성교육 활성화 방안 연구(Ⅰ)-인성교육 진단 및 발전 과제 탐색-. 한국교육개발원.

현 주, 한미영, 임소현(2015). 한국 초·중등학생을 위한 인성검사 개발 및 타당화. 한국심리학회지: 사회 및 성격, 29(1), 83-106.

현경자(2009). 역경 극복을 돕는 성인 한국인의 긍정성 탐색: 긍정적 태도 척도 개발과 타당화, 한국심리학회지: 사회 및 성격, 23(2), 13-42.

홍경완(2009). 사회적 고난체험으로서의 한. 신학과 철학, 15, 119-145.

Adler, A.(1964). A Collection of Later Writings. In H. L. Ansbacher and R. R. Ansbacher(Eds.). *Superiority and Social Interest*. .Evanston, IL: Northwestern University Press. 17-52

Boden, M. A.(2004). *The Creative Mind: Myths And Mechanisms*. Routledge.

Graziano, W.G., Eisenberg, N.(1997). *Agreeableness; A dimension of personality*. In R. Hogan, S.

Briggs, & J. Johnson, (1997). Handbook of Personality Psychology. San Diego, CA: Academic Press.

Hunter, J. D.(2000). *2000 First Things 103*, 36-42.

Kenrick, D. T., Li, N. P.,, Butner, J.(2003). Dynamical evolutionary psychology: Individual decision rules and emergent social norms. *Psychological Review,* 110, 3-28.

Kovecses, Z.(1991). Happiness: A Definitional Effort. *Metaphor and Symbolic Activity,* 6, 29-46. Mark Johnson.

Lapsley, D. K., Narvaez, D.(2006). Character education, 4, (A. Renninger & I. Siegel, volume Eds.), *Handbook of Child Psychology*(W. Damon & R. Lerner, Series Eds.) New York: Wiley. 248-296.

Markus, H. R, Kitayama, S.(1991). Culture and the Self: Implication for cognition, emotion and motivation. *Psychological review,* 98(2), 224-253.

Max Scheler(2006). 동감의 본질과 형태들[Wesen und formen der sympathie]. 조정옥 역. 아카넷.

Michele Borba(2001). Building moral intelligence. Jossey-Bass.

Seligman, M.(2009). 긍정심리학[Authentic happiness : using the new positive psychology to realize your potential for lasting fulfil(2004)]. 김인자 역. 물푸레.

Scotter, R. D., John, D. H., Richard, J. K., James, C. S.(1991). *Social Foundations of Education(3rd)*. NJ: Prentice Hall.

Stevens, J. R., Hallinan, E. V., Hauser, M. D.(2005). The ecology and evolution of patience in two new world monkeys. *Biol. Lett. 1,* 223-226.

Wynne, E., Ryan, K.(1993) *Reclaiming Our School: A Handbook on Teaching Character, Academics, and Discipline.*. New York: Merrill Press.

한국형 12성품 본조사 설문지

한국형 12성품 설문지 안내문

(사)한국성품협회에서는 우리나라 인성교육의 발전 방안을 연구하기 위하여, '한국형 12성품 척도'를 개발하여 청소년의 의식 현황을 조사하고 있습니다. 본 조사를 통하여 수집된 자료는 '한국형 12성품 척도' 개발의 기초 자료로서 중요하게 활용될 것입니다.

본 조사는 시험이 아니므로, 편안한 마음으로 각 물음에 솔직하고 성실하게 응답하여 주시기 바랍니다. 여러분의 응답 내용은 숫자 혹은 기호로 표기되어 다른 설문지들과 함께 분석 과정을 거치므로 응답자의 신분이 절대 보장됩니다. 또한 설문조사의 결과는 통계적 수치로 나타나므로, 여러분 개인이나 학교명이 명시되지 않을 것이며 오직 연구의 목적으로만 활용할 것임을 약속드립니다. 감사합니다.

(사)한국성품협회
한국형 12성품교육 개발자 이영숙 드림

⊙ 기본 정보

학교명 : _____   _____학년

⊙ 자신이 해당되는 곳에 ○표 해주시기 바랍니다.

1. 성별 :   1 남자(   )   2 여자(   )

⊙ 다음은 설문지 작성에 대한 안내입니다.

다음의 문항들은 여러분이 어떤 생각을 가지고 있는지 알아보기 위한 것입니다.
각 문항을 읽고 자신과 <u>가장 가깝다고 생각되는 번호</u>에 표시해주시기 바랍니다.

〈보 기〉
1. 전혀 그렇지 않다 2. 대부분 그렇지 않다
3. 보통이다 4. 대부분 그렇다 5. 매우 그렇다

⊙ 아래의 설문내용을 잘 읽고 해당란에 ○표 해주시기 바랍니다.

번호	문항내용	전혀 그렇지 않다	대부분 그렇지 않다	보통 이다	대부분 그렇다	매우 그렇다
1	나는 상대의 말에 집중한다.	①	②	③	④	⑤
2	나는 대화할 때 상대의 이야기를 집중해서 듣는다.	①	②	③	④	⑤
3	나는 다른 사람의 입장에서 이야기를 듣는다.	①	②	③	④	⑤
4	나는 이야기를 들을 때, 다른 사람들이 무엇을 느끼고 있는가를 정확히 모른다.	①	②	③	④	⑤
5	다른 사람들은 내가 자신의 이야기를 잘 들어준다고 말한다.	①	②	③	④	⑤

번호	문항내용	전혀 그렇지 않다	대부분 그렇지 않다	보통 이다	대부분 그렇다	매우 그렇다
6	다른 사람이 말할 때, 이야기의 흐름을 잘 따라가는 편이다.	①	②	③	④	⑤
7	다른 사람이 나에게 고민을 털어놓을 때에는 특히 더 집중하려고 노력한다.	①	②	③	④	⑤
8	나는 이야기하는 사람에게 최대한 관심을 집중한다.	①	②	③	④	⑤
9	나는 다른 사람의 말을 흘려듣지 않는다.	①	②	③	④	⑤
10	나는 이야기를 들을 때 상대를 마주본다.	①	②	③	④	⑤
11	나는 이야기를 들을 때 다른 사람의 마음에 공감하려고 애쓴다.	①	②	③	④	⑤
12	나는 대화할 때 고개를 끄덕이거나 "그래 그렇구나."와 같은 반응을 한다.	①	②	③	④	⑤
13	나는 이야기를 들을 때 상대의 눈을 바라본다.	①	②	③	④	⑤
14	다른 사람들은 나와 대화할 때 소통이 잘 된다고 말한다.	①	②	③	④	⑤
15	다른 사람의 이야기를 오해해서 문제 상황이 발생한 적이 있다.	①	②	③	④	⑤
16	대화할 때 상대의 표정과 몸짓, 손짓에 관심을 집중한다.	①	②	③	④	⑤
17	다른 사람들은 나와 대화할 때 존중받는 기분이 든다고 말한다.	①	②	③	④	⑤
18	나는 하기 힘든 과제를 할 때도 즐겁게 해 보려고 노력한다.	①	②	③	④	⑤
19	힘든 상황에 처하는 경우에도, 나는 결국에는 해결할 수 있을 것이라고 생각한다.	①	②	③	④	⑤

번호	문항내용	전혀 그렇지 않다	대부분 그렇지 않다	보통 이다	대부분 그렇다	매우 그렇다
20	나는 나에게 좋은 일이 일어나지 않을 것 같다.	①	②	③	④	⑤
21	나는 내 미래에 대해 기대를 갖고 있다.	①	②	③	④	⑤
22	나는 힘들거나 답답한 상황에서도 유머를 잃지 않는다.	①	②	③	④	⑤
23	나는 어려운 상황에 처해도 좀처럼 절망하거나 비관하지 않는 편이다.	①	②	③	④	⑤
24	나는 어려운 상황에 처해도 희망을 버리지 않는다.	①	②	③	④	⑤
25	나는 삶이 힘들 때도 웃음과 여유를 잃지 않으려고 노력한다.	①	②	③	④	⑤
26	나에게는 대체로 좋은 일들이 더 많이 일어날 것 같다.	①	②	③	④	⑤
27	나는 새로운 일을 시작할 때, 잘 풀리길 기대한다.	①	②	③	④	⑤
28	나는 내 직업(학업)목표를 위해 노력하면 잘 될 것이라고 생각한다.	①	②	③	④	⑤
29	나는 미래에 대해 아무 기대도 없다.	①	②	③	④	⑤
30	나는 내가 원하는 바가 이루어지길 기대하는 편이다.	①	②	③	④	⑤
31	나는 어려운 상황에 처해도 좀처럼 절망하거나 비관하는 말을 하지 않는 편이다.	①	②	③	④	⑤
32	나는 힘들고 답답한 상황에서 불안한 마음을 오랫동안 계속 품고 있는 편이다.	①	②	③	④	⑤
33	나는 다른 사람에게 희망을 주는 말을 자주 한다.	①	②	③	④	⑤

번호	문항내용	전혀 그렇지 않다	대부분 그렇지 않다	보통 이다	대부분 그렇다	매우 그렇다
34	나는 내가 마음속으로 정한 것을 이루기 위해 즐겁게 노력한다.	①	②	③	④	⑤
35	나는 내가 바라는 것을 이루기 위해서 노력하는 과정이 즐겁다.	①	②	③	④	⑤
36	나는 내 자신에 대해서 대체적으로 만족한다.	①	②	③	④	⑤
37	나는 스스로를 자랑스럽게 생각한다.	①	②	③	④	⑤
38	나는 나에게 중요한 것을 이루어 나가는 과정이 즐겁다.	①	②	③	④	⑤
39	나는 나 자신을 믿고 즐겁게 생활한다.	①	②	③	④	⑤
40	나는 나 자신을 있는 그대로 존중한다.	①	②	③	④	⑤
41	나는 내 일상을 소중하게 생각한다.	①	②	③	④	⑤
42	나는 내가 가치 있는 존재라는 생각을 자주 한다.	①	②	③	④	⑤
43	나는 내 몸을 위해 건강에 도움이 되는 음식을 선택한다.	①	②	③	④	⑤
44	나는 자기 계발을 위해 노력한다.	①	②	③	④	⑤
45	나는 나의 성장을 위한 배움을 즐거워한다.	①	②	③	④	⑤
46	나는 나의 장점을 찾고 계발한다.	①	②	③	④	⑤
47	나는 스스로에게 가치 있는 존재라고 자주 말한다.	①	②	③	④	⑤

번호	문항내용	전혀 그렇지 않다	대부분 그렇지 않다	보통 이다	대부분 그렇다	매우 그렇다
48	나는 다른 사람들을 밝은 표정으로 대한다.	①	②	③	④	⑤
49	나는 위로가 필요한 사람이 있으면 곁에 있어주는 편이다.	①	②	③	④	⑤
50	나는 필요하다면, 다른 사람을 향한 격려를 아끼지 않는다.	①	②	③	④	⑤
51	주변에 힘들어하는 사람이 있으면 마음을 쓰는 편이다.	①	②	③	④	⑤
52	나는 상대방을 다그치기보다 권유하는 문장으로 말하는 편이다.	①	②	③	④	⑤
53	나는 여러 사람과 일을 할 때, 다른 사람의 감정을 생각하는 편이다.	①	②	③	④	⑤
54	나와 함께 있는 다른 사람들이 편안하도록 노력한다.	①	②	③	④	⑤
55	나는 어려운 처지에 있는 이웃을 보면 마음이 무겁게 느껴진다.	①	②	③	④	⑤
56	나는 어려운 일을 당한 친구를 보면 나의 일처럼 느껴진다.	①	②	③	④	⑤
57	나는 대화할 때, 내 의견만 주장하지 않고 상대의 의견도 묻는다.	①	②	③	④	⑤
58	사람들을 만나고 나서, 나는 내가 한 말이 다른 사람을 불쾌하게 하지 않았는지 생각해 본다.	①	②	③	④	⑤
59	사람들을 만나고 나서, 나는 내가 한 행동이 다른 사람을 불쾌하게 하지 않았는지 생각해 본다.	①	②	③	④	⑤
60	나는 다른 사람의 마음을 신경쓰며 생각하고 행동한다.	①	②	③	④	⑤
61	나와 함께 있는 다른 사람들이 편안하도록 수시로 관찰하고 보살핀다.	①	②	③	④	⑤

번호	문항내용	전혀 그렇지 않다	대부분 그렇지 않다	보통 이다	대부분 그렇다	매우 그렇다
62	나는 나 자신을 편안한 상태로 유지하는 방법을 알고 있고 실제로 사용한다.	①	②	③	④	⑤
63	나는 환경을 보호하는 방법에 관심이 많다.	①	②	③	④	⑤
64	나에게 주어진 것들에 대해 진심으로 소중하게 생각한다.	①	②	③	④	⑤
65	나에게 주어진 것들을 자주 떠올리고 감사한다.	①	②	③	④	⑤
66	나는 '고맙습니다'라는 말을 자주 사용한다.	①	②	③	④	⑤
67	나에게 주어진 것들에 대한 고마운 마음을 자주 떠올린다.	①	②	③	④	⑤
68	나는 고마운 마음을 잊지 않고 자주 떠올리려고 노력한다.	①	②	③	④	⑤
69	나는 하루에 한 가지씩은 감사할 일들을 찾아보려 한다.	①	②	③	④	⑤
70	나는 친구들을 소중하게 생각하고 고마운 마음을 표현한다.	①	②	③	④	⑤
71	나는 사람들에게 고마운 마음을 잘 표현하는 편이다.	①	②	③	④	⑤
72	나는 주변 사람들에 대한 고마움을 자주 떠올린다.	①	②	③	④	⑤
73	나의 삶에서 겪었던 여러 가지 일들을 돌아보면 지금이 감사하게 여겨질 때가 있다.	①	②	③	④	⑤
74	나는 고마운 사람들에게 마음을 어떻게 표현할지 생각하곤 한다.	①	②	③	④	⑤
75	나는 고마운 마음을 전하기 위해 편지나 선물 등을 준비하기도 한다.	①	②	③	④	⑤

번호	문항내용	전혀 그렇지 않다	대부분 그렇지 않다	보통 이다	대부분 그렇다	매우 그렇다
76	감사한 마음을 말이나 행동으로 표현하는 것도 중요하다고 생각한다.	①	②	③	④	⑤
77	나에게 없는 것에 대해 불평하지 않고 감사한다.	①	②	③	④	⑤
78	나를 돌보아 주시는 분들의 노력에 감동하곤 한다.	①	②	③	④	⑤
79	나를 돌보아 주시는 분들의 훌륭한 점을 닮고 싶다.	①	②	③	④	⑤
80	나는 나를 돌보아 주시는 분들을 존경하는 마음을 가지고 있다.	①	②	③	④	⑤
81	나는 나를 돌보아 주시는 분들께 공손하게 대하려고 노력한다.	①	②	③	④	⑤
82	나는 나의 멘토에 대해 존경하는 마음을 갖고 있다.	①	②	③	④	⑤
83	나는 멘토의 훌륭한 점을 닮고 싶다.	①	②	③	④	⑤
84	내가 약할 때 받아왔던 것들을, 내가 도울 힘이 생기게 되면 보답해드리고 싶다.	①	②	③	④	⑤
85	나는 나를 돌보아 주시는 분들의 자랑이 되고 싶다.	①	②	③	④	⑤
86	나를 돌보아 주시는 분들과 함께 있을 때에는 예의 바르게 행동하려고 노력한다.	①	②	③	④	⑤
87	내가 예의 바르게 행동했을 때 뿌듯함을 느낀다.	①	②	③	④	⑤
88	나를 보호하고 있는 사람들(부모님 등)의 말씀을 잘 따른다.	①	②	③	④	⑤
89	나를 보호하고 있는 사람들(부모님 등)을 존경하기 때문에 그들의 지시를 따른다.	①	②	③	④	⑤

번호	문항내용	전혀 그렇지 않다	대부분 그렇지 않다	보통 이다	대부분 그렇다	매우 그렇다
90	나를 보호하고 있는 사람들(부모님 등)을 사랑하기 때문에 그들의 지시를 따른다.	①	②	③	④	⑤
91	나는 내가 공경해야 할 대상이 누구인지 알고 있다.	①	②	③	④	⑤
92	나를 보호하고 있는 사람들의 지시가 내 생각과 다르더라도 말이나 행동으로 불만을 표현하지 않는다.	①	②	③	④	⑤
93	나를 보호하고 있는 사람들(부모님 등)의 말씀을 끝까지 잘 따른다.	①	②	③	④	⑤
94	나를 보호하고 있는 사람들의 지시가 내 생각과 다를 때 예의바른 태도로 내 생각을 말하는 편이다.	①	②	③	④	⑤
95	모든 일을 계획에 맞게 진행하는 것에 대한 책임은 나에게 있다.	①	②	③	④	⑤
96	나는 아주 사소한 행동이라도 문제가 되지 않도록 여러 번 생각해 본다.	①	②	③	④	⑤
97	만일 위험을 예견하고도 적절한 행동을 하지 않는다면, 나는 그에 따른 결과를 책임져야 한다.	①	②	③	④	⑤
98	나는 내 결정이나 행동으로 인해 다른 사람들이 피해를 입지 않도록 하는 편이다.	①	②	③	④	⑤
99	나중에라도 문제가 될 수 있는 행동을 했다면, 나에게는 그 결과에 대한 책임이 있다.	①	②	③	④	⑤
100	내가 맡은 과제(일)를 할 때, 매사를 신중하게 처리하여 문제가 없도록 한다.	①	②	③	④	⑤
101	내가 맡은 과제(일)의 책임을 끝까지 내가 진다.	①	②	③	④	⑤
102	내가 맡은 일은 최선을 다 해야 한다고 생각한다.	①	②	③	④	⑤
103	내가 맡은 과제(일)에서 잘못된 부분은 책임지고 끝까지 수정한다.	①	②	③	④	⑤

번호	문항내용	전혀 그렇지 않다	대부분 그렇지 않다	보통 이다	대부분 그렇다	매우 그렇다
104	내가 선택하고 결정한 일의 책임은 나에게 있다.	①	②	③	④	⑤
105	나는 약속은 반드시 지키고자 노력한다.	①	②	③	④	⑤
106	나는 과제(일)를 할 때, 대략의 계획을 세워 미리 문제를 점검하는 편이다.	①	②	③	④	⑤
107	나에게 주어진 과제(일)는 끝까지 맡아서 수행하려고 한다.	①	②	③	④	⑤
108	나는 해내고 싶은 일들을 반복해서 생각하며 과제(일)를 수행한다.	①	②	③	④	⑤
109	나는 힘든 상황에서도 조급해하지 않고 기다리고자 노력한다.	①	②	③	④	⑤
110	나는 생각처럼 되지 않는 일도 포기하지 않고 한 번 더 해본다.	①	②	③	④	⑤
111	나는 어려운 상황에서도 불평하지 않고 기다려 본다.	①	②	③	④	⑤
112	나는 예상치 못한 상황이 닥쳤을 때에도 불평하지 않고 기다린다.	①	②	③	④	⑤
113	나는 해결해야 할 문제는 침착하게 끝까지 고민해 볼 수 있다.	①	②	③	④	⑤
114	나는 어려운 과제(일)라도 당황하지 않고 끝까지 매달려 본다.	①	②	③	④	⑤
115	나는 새로운 것을 배울 때 잘 되지 않더라도 여러 번 반복해 보려고 노력한다.	①	②	③	④	⑤
116	나는 새로운 것을 배우기 위해 쉽게 포기하지 않고 꾸준히 노력할 수 있다.	①	②	③	④	⑤
117	나는 한계라고 느껴지는 때에도 한 번 더 노력해 본다.	①	②	③	④	⑤

번호	문항내용	전혀 그렇지 않다	대부분 그렇지 않다	보통 이다	대부분 그렇다	매우 그렇다
118	나는 과제(일)를 할 때, 한계를 넘기고 끝까지 잘 수행했던 경험이 있다.	①	②	③	④	⑤
119	나는 조급해질 때, 침착할 수 있는 방법을 알고 있고 실제로 사용한다.	①	②	③	④	⑤
120	나는 힘든 상황에 처했을 때, 침착할 수 있는 방법을 알고 있고 실제로 사용한다.	①	②	③	④	⑤
121	나는 기분 나쁜 일이 있어도 마음대로 행동하지 않는다.	①	②	③	④	⑤
122	나는 내 기분대로 행동하지 않는다.	①	②	③	④	⑤
123	나는 다른 사람이 먼저 시비를 걸더라도 화내지 않고 말로 해결하려 노력한다.	①	②	③	④	⑤
124	나는 갖고 싶은 물건이 있어도 필요하지 않으면 사지 않는다.	①	②	③	④	⑤
125	나는 해야 할 일이 있음에도 텔레비전 시청(또는 스마트폰 사용)을 멈추지 못할 때가 많다.	①	②	③	④	⑤
126	나도 모르게 나쁜 습관이 나올 때 자제할 수 있다.	①	②	③	④	⑤
127	나는 과소비를 하지 않는 편이다.	①	②	③	④	⑤
128	나는 욕을 하고 싶을 때에도, 참으려고 한다.	①	②	③	④	⑤
129	나는 화가 나는 일이 있어도 다시 생각해서 행동한다.	①	②	③	④	⑤
130	나는 텔레비전 시청(또는 스마트폰 사용)행위를 스스로 잘 조절한다.	①	②	③	④	⑤
131	나는 과소비를 하고 싶을 때 참을 수 있다.	①	②	③	④	⑤

번호	문항내용	전혀 그렇지 않다	대부분 그렇지 않다	보통 이다	대부분 그렇다	매우 그렇다
132	나도 모르게 나오는 나쁜 습관들을 고치기가 어렵다.	①	②	③	④	⑤
133	나는 순간적인 충동이 들 때 참지 못하는 편이다.	①	②	③	④	⑤
134	나는 물건이나 자원을 절약하는 편이다.	①	②	③	④	⑤
135	나는 일상생활에서 흔히 볼 수 있는 것들을 사용해 특별한 것을 만든 적이 있다.	①	②	③	④	⑤
136	나는 사소한 것이라도 나만의 방법으로 참신하게 변화시켜 본 적이 있다.	①	②	③	④	⑤
137	나는 남들이 생각해내지 못하는 특이한 생각을 할 때가 있다.	①	②	③	④	⑤
138	나는 문제를 해결할 때 여러 가지 방법들이 떠오를 때가 있다.	①	②	③	④	⑤
139	나는 하나의 정보를 얻으면 다른 데에도 적용해 보고 싶다.	①	②	③	④	⑤
140	나는 기존에 있던 것(물건, 정보 등)을 새로운 방법으로 활용하곤 한다.	①	②	③	④	⑤
141	나는 다른 사람들이 해결하지 못한 문제를 나만의 방식으로 해결한 적이 있다.	①	②	③	④	⑤
142	사람들은 새로운 해결방법이 필요할 때 나에게 의견을 물을 때가 있다.	①	②	③	④	⑤
143	나는 남들과는 다른 방식으로 문제를 해결할 때가 있다.	①	②	③	④	⑤
144	나는 기발하다는 이야기를 종종 듣는다.	①	②	③	④	⑤
145	나는 기존의 방식을 바꿀 새로운 생각들이 떠오를 때가 있다.	①	②	③	④	⑤

번호	문항내용	전혀 그렇지 않다	대부분 그렇지 않다	보통 이다	대부분 그렇다	매우 그렇다
146	나는 일상적인 것을 보완하거나 바꿀 만한 아이디어가 떠오를 때가 있다.	①	②	③	④	⑤
147	해결해야 할 문제(일)가 있을 때 내가 생각한 방법을 말하면 사람들이 놀라워 할 때가 있다.	①	②	③	④	⑤
148	나는 다른 사람의 물건을 훔치지 않는다.	①	②	③	④	⑤
149	나는 내 잘못에 대해 솔직하게 말한다.	①	②	③	④	⑤
150	나는 실수했을 때 솔직하게 말한다.	①	②	③	④	⑤
151	내가 실수한 것이 있으면 먼저 사과한다.	①	②	③	④	⑤
152	나는 다른 사람의 물건에 손대지 않는다.	①	②	③	④	⑤
153	나는 다른 사람의 생각을 내 생각인 것처럼 말하지 않는다.	①	②	③	④	⑤
154	나는 이유 없이 거짓말을 하지 않으려고 노력한다.	①	②	③	④	⑤
155	나는 물건을 샀을 때 계산이 잘못되어 있다면 점원에게 말한다.	①	②	③	④	⑤
156	나는 양심에 따라 행동한다.	①	②	③	④	⑤
157	나는 다른 사람의 글을 내 글인 것처럼 쓰지 않는다.	①	②	③	④	⑤
158	나는 이유 없이 다른 사람을 속이는 것은 잘못이라고 생각한다.	①	②	③	④	⑤
159	나는 이익을 떠나 옳은 일을 하려고 노력한다.	①	②	③	④	⑤

번호	문항내용	전혀 그렇지 않다	대부분 그렇지 않다	보통 이다	대부분 그렇다	매우 그렇다
160	나는 개인적인 이익이 주어지더라도 다른 사람에게 거짓말은 하지 않는다.	①	②	③	④	⑤
161	나는 다른 사람들에게 신뢰가 간다는 이야기를 자주 듣는다.	①	②	③	④	⑤
162	나는 다른 사람에게 조언할 때, 예상되는 다양한 문제들을 생각해 본다.	①	②	③	④	⑤
163	다른 사람들과 삶의 경험을 이야기할 때 나는 관련된 모든 상황을 고려한다.	①	②	③	④	⑤
164	내가 한 말이나 행동이 다른 사람에게 도움이 된 적이 있다.	①	②	③	④	⑤
165	다른 사람의 말이나 생각이 나에게 도움이 된 적이 있다.	①	②	③	④	⑤
166	나는 어려운 상황에 있는 사람에게 내가 문제를 해결했던 경험을 이야기해 준 적이 있다.	①	②	③	④	⑤
167	나는 다른 사람들의 삶의 경험(이야기)에 관심을 가지고 있다.	①	②	③	④	⑤
168	나는 다른 사람들의 삶의 경험(이야기)에서 배울 점이 있다고 생각한다.	①	②	③	④	⑤
169	내 삶의 경험이 다른 사람에게 도움을 줄 수도 있다고 생각한다.	①	②	③	④	⑤
170	내 삶의 경험이 다른 사람의 문제를 해결하는 데 도움이 된 적이 있다.	①	②	③	④	⑤
171	다른 사람들과 삶의 경험을 이야기하고 나누는 것은 의미 있는 일이라고 생각한다.	①	②	③	④	⑤
172	다른 사람의 문제 해결 경험을 듣고, 내 문제에 대해서도 깊이 생각해보게 되었던 적이 있다.	①	②	③	④	⑤
173	사람들과 삶의 경험(이야기)을 나눌 수 있는 기회가 더 많아져야 한다고 생각한다.	①	②	③	④	⑤

번호	문항내용	전혀 그렇지 않다	대부분 그렇지 않다	보통 이다	대부분 그렇다	매우 그렇다
174	내가 알려준 새로운 지식(생각)이 다른 사람에게 도움이 된 적이 있다.	①	②	③	④	⑤

⊙ 다음 페이지에서 계속됩니다.

⊙ 아래의 설문내용을 잘 읽고 해당란에 ○표 해주시기 바랍니다.

번호	문항내용	전혀 그렇지 않다	대부분 그렇지 않다	보통 이다	대부분 그렇다	매우 그렇다
1	나는 나를 자랑스럽게 생각한다.	①	②	③	④	⑤
2	나는 내가 꽤 괜찮은 사람이라고 생각한다.	①	②	③	④	⑤
3	나는 나 자신을 아끼고 소중히 여긴다.	①	②	③	④	⑤
4	나는 현재의 나에 대해 만족한다.	①	②	③	④	⑤
5	나는 내가 잘 될 것이라고 생각한다.	①	②	③	④	⑤
6	나는 장래에 내가 하고 싶은 일을 잘 할 수 있다고 생각한다.	①	②	③	④	⑤
7	나는 어려운 일도 잘 해낼 수 있다고 생각한다.	①	②	③	④	⑤
8	나는 오늘 해야 할 일을 다음으로 미루지 않는다.	①	②	③	④	⑤
9	나는 계획을 세운 것은 잘 지킨다.	①	②	③	④	⑤
10	나는 해야 할 일이 있을 경우, 마지막에 하기보다 미리미리 준비한다.	①	②	③	④	⑤
11	나는 나의 목표를 위해 현재의 유혹을 잘 참는다.	①	②	③	④	⑤
12	나는 해야 할 일이 있을 때, 게임이나 채팅 등의 유혹을 잘 견딘다.	①	②	③	④	⑤
13	나는 하던 일을 중간에 그만두지 않는다.	①	②	③	④	⑤
14	어떤 일을 끈기 있게 하는 것은 나의 장점 중 하나이다.	①	②	③	④	⑤

번호	문항내용	전혀 그렇지 않다	대부분 그렇지 않다	보통 이다	대부분 그렇다	매우 그렇다
15	나는 부모님과 약속한 게임/TV시청 시간을 지키려고 노력한다.	①	②	③	④	⑤
16	나는 친구들의 고민을 잘 해결해준다.	①	②	③	④	⑤
17	나는 친구와 갈등이 있을 때 잘 해결한다.	①	②	③	④	⑤
18	친구들은 나에게 자주 내 의견을 묻는다.	①	②	③	④	⑤
19	나는 친구가 화가 나있거나 슬퍼하고 있을 때, 그 친구의 마음을 이해하려고 노력한다.	①	②	③	④	⑤
20	친구들은 내 의견을 중요하게 여긴다.	①	②	③	④	⑤
21	나는 다른 사람의 기분이나 마음을 잘 알아차린다.	①	②	③	④	⑤
22	친구가 도움을 요청하면 도와주려고 노력한다.	①	②	③	④	⑤
23	나는 다른 사람을 잘 도와준다.	①	②	③	④	⑤
24	나는 나와 의견이 다른 사람과도 이야기를 잘 한다.	①	②	③	④	⑤
25	나는 친구가 상을 받으면 같이 기뻐하며 축하해준다.	①	②	③	④	⑤
26	나는 여러 사람과 협력활동을 할 때 내 역할에 최선을 다한다.	①	②	③	④	⑤
27	나는 학교에서 맡은 역할을 잘 해내려고 노력한다.	①	②	③	④	⑤
28	나는 모둠과제(조별과제)나 학급행사에서 내가 맡은 일을 책임지고 한다.	①	②	③	④	⑤
29	나는 단체 활동에서 힘든 역할이 주어져도 잘 협조한다.	①	②	③	④	⑤

번호	문항내용	전혀 그렇지 않다	대부분 그렇지 않다	보통 이다	대부분 그렇다	매우 그렇다
30	나는 가족회의나 학급회의에서 정한 규칙은 지킨다.	①	②	③	④	⑤
31	나는 내가 한 일에 책임을 지려고 노력한다.	①	②	③	④	⑤
32	나는 부모님(보호자)께 감사한 마음을 갖고 있다.	①	②	③	④	⑤
33	나는 나의 부모님(보호자)을 존경한다.	①	②	③	④	⑤
34	나는 부모님(보호자)을 기쁘게 해 드리기 위해 노력한다.	①	②	③	④	⑤
35	나는 부모님(보호자)의 말씀을 잘 따른다.	①	②	③	④	⑤
36	나는 어른들께 예의를 갖추어 공손하게 대한다.	①	②	③	④	⑤
37	주변 어른들은 나에게 예의가 바르다고 말씀하신다.	①	②	③	④	⑤
38	나는 길이나 집 근처에서 아는 어른을 만나면 인사를 잘 한다.	①	②	③	④	⑤
39	나는 짜증이 나더라도 내 감정을 잘 조절할 수 있다.	①	②	③	④	⑤
40	나는 내 감정과 행동을 잘 조절한다.	①	②	③	④	⑤
41	나는 쉽게 흥분하지 않는다.	①	②	③	④	⑤
42	나는 화가 나더라도 다른 사람들에게 화풀이를 하지 않는다.	①	②	③	④	⑤
43	나는 내 생각이나 판단이 늘 옳다고 고집하지 않는다.	①	②	③	④	⑤
44	나는 남을 비난하기 전에 그 사람의 입장에서 생각해 본다.	①	②	③	④	⑤

번호	문항내용	전혀 그렇지 않다	대부분 그렇지 않다	보통 이다	대부분 그렇다	매우 그렇다
45	나 때문에 문제가 발생했을 때는 내 잘못이라고 솔직히 말한다.	①	②	③	④	⑤
46	나는 야단을 맞더라도 사실을 있는 그대로 말한다.	①	②	③	④	⑤
47	나는 실수를 했을 때 변명을 하거나 책임을 피하지 않는다.	①	②	③	④	⑤
48	나는 내가 손해를 보더라도 정직하게 행동한다.	①	②	③	④	⑤
49	나는 진솔하다(진실하고 솔직하다).	①	②	③	④	⑤
50	나는 내가 잘못한 행동에 대해서 솔직히 사과한다.	①	②	③	④	⑤
51	나는 옳은 일이라고 생각되면 야단맞는 것을 두려워하지 않고 행동한다.	①	②	③	④	⑤
52	나는 중요한 결정을 내릴 때는 항상 충분한 근거를 생각한다.	①	②	③	④	⑤
53	나는 친구들에 비해 생각이 깊은 편이다.	①	②	③	④	⑤
54	나는 어떤 일이든지 장단점을 고루 살펴본다.	①	②	③	④	⑤
55	나는 어떤 일이든 신중하게 판단한다.	①	②	③	④	⑤
56	어떤 일을 현명하게 판단하는 능력은 나의 장점 중 하나이다.	①	②	③	④	⑤
57	나는 무언가를 결정할 때 시간을 갖고 충분히 생각한다.	①	②	③	④	⑤
58	나는 인종, 성별, 재산이나 능력 등에 따라 사람을 차별하지 않는다.	①	②	③	④	⑤
59	나는 왕따를 당하는 학급친구들에게도 차별대우를 하지 않는다.	①	②	③	④	⑤

번호	문항내용	전혀 그렇지 않다	대부분 그렇지 않다	보통 이다	대부분 그렇다	매우 그렇다
60	나는 따돌리거나 괴롭히는 행동으로 친구의 인권(생명, 자유, 평등 등을 보장받을 권리)을 침해하지 않는다.	①	②	③	④	⑤
61	나는 친구를 형편과 여건(학업능력, 가정여건, 외모 등)에 상관없이 평등하게 대한다.	①	②	③	④	⑤
62	나는 게임이나 운동을 잘 못하는 친구를 따돌리지 않고 함께 할 수 있는 기회를 준다.	①	②	③	④	⑤
63	나는 태극기, 무궁화, 애국가 등 우리나라를 상징하는 것을 소중히 여긴다.	①	②	③	④	⑤
64	나는 우리나라의 문화와 역사가 자랑스럽다.	①	②	③	④	⑤
65	나는 다문화 친구의 문화를 이해하려고 노력한다.	①	②	③	④	⑤
66	나는 다른 나라나 문화에 대한 관심이 많다.	①	②	③	④	⑤
67	기회가 된다면, 나는 어려운 지구촌 아이들을 돕기 위해 용돈이나 물품 등을 기부하고 싶다.	①	②	③	④	⑤
68	나는 외국인 노동자들도 인간으로서의 기본적인 권리를 누려야 한다고 생각한다.	①	②	③	④	⑤
69	나는 세계의 공동 문제(환경, 인권, 빈곤, 세계 평화 등)에 관심이 있다.	①	②	③	④	⑤
70	나는 집단(예: 학급, 학교, 국가 등)의 이익을 위해 내 이익을 양보할 수 있다.	①	②	③	④	⑤

⊙ 수고하셨습니다.

설문에 응해주셔서 감사합니다.

한국형 12성품 본조사 문항

구분	주제 성품	문항	내용
공감 인지 능력	경청	1	나는 상대의 말에 집중한다.
		2	나는 대화할 때 상대의 이야기를 집중해서 듣는다.
		3	나는 다른 사람의 입장에서 이야기를 듣는다.
		4	나는 이야기를 들을 때, 다른 사람들이 무엇을 느끼고 있는가를 정확히 모른다. R
		5	다른 사람들은 내가 자신의 이야기를 잘 들어준다고 말한다.
		6	다른 사람이 말할 때, 이야기의 흐름을 잘 따라가는 편이다.
		7	다른 사람이 나에게 고민을 털어놓을 때에는 특히 더 집중하려고 노력한다.
		8	나는 이야기하는 사람에게 최대한 관심을 집중한다.
		9	나는 다른 사람의 말을 흘려 듣지 않는다.
		10	나는 이야기를 들을 때 상대를 마주본다.
		11	나는 이야기를 들을 때 다른 사람의 마음에 공감하려고 애쓴다.
		12	나는 대화할 때 고개를 끄덕이거나 "그래 그렇구나"와 같은 반응을 한다.
		13	나는 이야기를 들을 때 상대의 눈을 바라본다.
		14	다른 사람들은 나와 대화할 때 소통이 잘 된다고 말한다.
		15	다른 사람의 이야기를 오해해서 문제 상황이 발생한 적이 있다. R

구분	주제 성품	문항	내용
공감 인지 능력	경청	16	대화할 때 상대의 표정과 몸짓, 손짓에 관심을 집중한다.
		17	다른 사람들은 나와 대화할 때 존중받는 기분이 든다고 말한다.
	긍정 적인 태도	1	나는 하기 힘든 과제를 할때도 즐겁게 해 보려고 노력한다.
		2	힘든 상황에 처하는 경우에도, 나는 결국에는 해결할 수 있을 것이라고 생각한다.
		3	나는 나에게 좋은 일이 일어나지 않을 것 같다. R
		4	나는 내 미래에 대해 기대를 갖고 있다.
		5	나는 힘들거나 답답한 상황에서도 유머를 잃지 않는다.
		6	나는 어려운 상황에 처해도 좀처럼 절망하거나 비관하지 않는 편이다.
		7	나는 어려운 상황에 처해도 희망을 버리지 않는다.
		8	나는 삶이 힘들 때도 웃음과 여유를 잃지 않으려고 노력한다.
		9	나에게는 대체로 좋은 일들이 더 많이 일어날 것 같다.
		10	나는 새로운 일을 시작할 때, 잘 풀리길 기대한다.
		11	나는 내 직업(학업)목표를 위해 노력하면 잘 될 것이라고 생각한다.
		12	나는 미래에 대해 아무 기대도 없다. R
		13	나는 내가 원하는 바가 이루어지길 기대하는 편이다.
		14	나는 어려운 상황에 처해도 좀처럼 절망하거나 비관하는 말을 하지 않는 편이다.
		15	나는 힘들고 답답한 상황에서 불안한 마음을 오랫동안 계속 품고 있는 편이다. R
		16	나는 다른 사람에게 희망을 주는 말을 자주 한다.
	기쁨	1	나는 내가 마음속으로 정한 것을 이루기 위해 즐겁게 노력한다.
		2	나는 내가 바라는 것을 이루기 위해서 노력하는 과정이 즐겁다.
		3	나는 내 자신에 대해서 대체적으로 만족한다.
		4	나는 스스로를 자랑스럽게 생각한다.
		5	나는 나에게 중요한 것을 이루어 나가는 과정이 즐겁다.
		6	나는 나 자신을 믿고 즐겁게 생활한다.

구분	주제 성품	문항	내용
공감 인지 능력	기쁨	7	나는 나 자신을 있는 그대로 존중한다.
		8	나는 내 일상을 소중하게 생각한다.
		9	나는 내가 가치있는 존재라는 생각을 자주 한다.
		10	나는 내 몸을 위해 건강에 도움이 되는 음식을 선택한다.
		11	나는 자기 계발을 위해 노력한다.
		12	나는 나의 성장을 위한 배움을 즐거워한다.
		13	나는 나의 장점을 찾고 계발한다.
		14	나는 스스로에게 가치 있는 존재라고 자주 말한다.
	배려	1	나는 다른 사람들을 밝은 표정으로 대한다.
		2	나는 위로가 필요한 사람이 있으면 곁에 있어주는 편이다.
		3	나는 필요하다면, 다른 사람을 향한 격려를 아끼지 않는다.
		4	주변에 힘들어하는 사람이 있으면 마음을 쓰는 편이다.
		5	나는 상대방을 다그치기보다 권유하는 문장으로 말하는 편이다.
		6	나는 여러 사람과 일을 할 때, 다른 사람의 감정을 생각하는 편이다.
		7	나와 함께 있는 다른 사람들이 편안하도록 노력한다.
		8	나는 어려운 처지에 있는 이웃을 보면 마음이 무겁게 느껴진다.
		9	나는 어려운 일을 당한 친구를 보면 나의 일처럼 느껴진다.
		10	나는 대화할 때, 내 의견만 주장하지 않고 상대의 의견도 묻는다.
		11	사람들을 만나고 나서, 나는 내가 한 말이 다른 사람을 불쾌하게 하지 않았는지 생각해 본다.
		12	사람들을 만나고 나서, 나는 내가 한 행동이 다른 사람을 불쾌하게 하지 않았는지 생각해 본다.
		13	나는 다른 사람의 마음을 신경쓰며 생각하고 행동한다.
		14	나와 함께 있는 다른 사람들이 편안하도록 수시로 관찰하고 보살핀다.
		15	나는 나 자신을 편안한 상태로 유지하는 방법을 알고 있고 실제로 사용한다.
		16	나는 환경을 보호하는 방법에 관심이 많다.

구분	주제 성품	문항	내용
공감 인지 능력	감사	1	나에게 주어진 것들에 대해 진심으로 소중하게 생각한다.
		2	나에게 주어진 것들을 자주 떠올리고 감사한다.
		3	나는 '고맙습니다'라는 말을 자주 사용한다.
		4	나에게 주어진 것들에 대한 고마운 마음을 자주 떠올린다.
		5	나는 고마운 마음을 잊지 않고 자주 떠올리려고 노력한다.
		6	나는 하루에 한 가지씩은 감사할 일들을 찾아보려 한다.
		7	나는 친구들을 소중하게 생각하고 고마운 마음을 표현한다.
		8	나는 사람들에게 고마운 마음을 잘 표현하는 편이다.
		9	나는 주변 사람들에 대한 고마움을 자주 떠올린다.
		10	나의 삶에서 겪었던 여러 가지 일들을 돌아 보면 지금이 감사하게 여겨 질 때가 있다.
		11	나는 고마운 사람들에게 마음을 어떻게 표현할지 생각하곤 한다.
		12	나는 고마운 마음을 전하기 위해 편지나 선물 등을 준비하기도 한다.
		13	감사한 마음을 말이나 행동으로 표현하는 것도 중요하다고 생각한다.
		14	나에게 없는 것에 대해 불평하지 않고 감사한다.
	순종	1	나를 돌보아 주시는 분들의 노력에 감동하곤 한다.
		2	나를 돌보아 주시는 분들의 훌륭한 점을 닮고 싶다.
		3	나는 나를 돌보아 주시는 분들을 존경하는 마음을 가지고 있다.
		4	나는 나를 돌보아 주시는 분들께 공손하게 대하려고 노력한다.
		5	나는 나의 멘토에 대해 존경하는 마음을 갖고 있다.
		6	나는 멘토의 훌륭한 점을 닮고 싶다.
		7	내가 약할 때 받아왔던 것들을, 내가 도울 힘이 생기게 되면 보답해드리 고 싶다.
		8	나는 나를 돌보아 주시는 분들의 자랑이 되고 싶다.
		9	나를 돌보아 주시는 분들과 함께 있을 때에는 예의 바르게 행동하려고 노력한다.
		10	내가 예의 바르게 행동했을 때 뿌듯함을 느낀다.

구분	주제 성품	문항	내용
공감 인지 능력	순종	11	나를 보호하고 있는 사람들(부모님 등)의 말씀을 잘 따른다.
		12	나를 보호하고 있는 사람들(부모님 등)을 존경하기 때문에 그들의 지시를 따른다.
		13	나를 보호하고 있는 사람들(부모님 등)을 사랑하기 때문에 그들의 지시를 따른다.
		14	나는 내가 공경해야 할 대상이 누구인지 알고 있다.
		15	나를 보호하고 있는 사람들의 지시가 내 생각과 다르더라도 말이나 행동으로 불만을 표현하지 않는다.
		16	나를 보호하고 있는 사람들(부모님 등)의 말씀을 끝까지 잘 따른다.
		17	나를 보호하고 있는 사람들의 지시가 내 생각과 다를 때 예의바른 태도로 내 생각을 말하는 편이다.
분별력	인내	1	나는 해내고 싶은 일들을 반복해서 생각하며 과제(일)를 수행한다.
		2	나는 힘든 상황에서도 조급해하지 않고 기다리고자 노력한다.
		3	나는 생각처럼 되지 않는 일도 포기하지 않고 한 번 더 해본다.
		4	나는 어려운 상황에서도 불평하지 않고 기다려 본다.
		5	나는 예상치 못한 상황이 닥쳤을 때에도 불평하지 않고 기다린다.
		6	나는 해결해야 할 문제는 침착하게 끝까지 고민해 볼 수 있다.
		7	나는 어려운 과제(일)라도 당황하지 않고 끝까지 매달려 본다.
		8	나는 새로운 것을 배울 때 잘 되지 않더라도 여러 번 반복해 보려고 노력한다.
		9	나는 새로운 것을 배우기 위해 쉽게 포기하지 않고 꾸준히 노력할 수 있다.
		10	나는 한계라고 느껴지는 때에도 한 번 더 노력해 본다.
		11	나는 과제(일)를 할 때, 한계를 넘기고 끝까지 잘 수행했던 경험이 있다.
		12	나는 조급해질 때, 침착할 수 있는 방법을 알고 있고 실제로 사용한다.
		13	나는 힘든 상황에 처했을 때, 침착할 수 있는 방법을 알고 있고 실제로 사용한다.
	책임감	1	모든 일을 계획에 맞게 진행하는 것에 대한 책임은 나에게 있다.

구분	주제 성품	문항	내용
분별력	책임감	2	나는 아주 사소한 행동이라도 문제가 되지 않도록 여러 번 생각해 본다.
		3	만일 위험을 예견하고도 적절한 행동을 하지 않는다면, 나는 그에 따른 결과를 책임져야 한다.
		4	나는 내 결정이나 행동으로 인해 다른 사람들이 피해를 입지 않도록 하는 편이다.
		5	나중에라도 문제가 될 수 있는 행동을 했다면, 나에게는 그 결과에 대한 책임이 있다.
		6	내가 맡은 과제(일)를 할 때, 매사를 신중하게 처리하여 문제가 없도록 한다.
		7	내가 맡은 과제(일)의 책임을 끝까지 내가 진다.
		8	내가 맡은 일은 최선을 다 해야 한다고 생각한다.
		9	내가 맡은 과제(일)에서 잘못된 부분은 책임지고 끝까지 수정한다.
		10	내가 선택하고 결정한 일의 책임은 나에게 있다.
		11	나는 약속은 반드시 지키고자 노력한다.
		12	나는 과제(일)를 할 때, 대략의 계획을 세워 미리 문제를 점검하는 편이다.
		13	나에게 주어진 과제(일)는 끝까지 맡아서 수행하려고 한다.
	절제	1	나는 기분 나쁜 일이 있어도 마음대로 행동하지 않는다.
		2	나는 내 기분대로 행동하지 않는다.
		3	나는 다른 사람이 먼저 시비를 걸더라도 화내지 않고 말로 해결하려 노력한다.
		4	나는 갖고 싶은 물건이 있어도 필요하지 않으면 사지 않는다.
		5	나는 해야 할 일이 있음에도 텔레비전 시청(또는 스마트폰 사용)을 멈추지 못할 때가 많다. R
		6	나도 모르게 나쁜 습관이 나올 때 자제할 수 있다.
		7	나는 과소비를 하지 않는 편이다.
		8	나는 욕을 하고 싶을 때에도, 참으려고 한다.
		9	나는 화가 나는 일이 있어도 다시 생각해서 행동한다.
		10	나는 텔레비전 시청(또는 스마트폰 사용)행위를 스스로 잘 조절한다.

구분	주제 성품	문항	내용
분 별 력	절제	11	나는 과소비를 하고 싶을 때 참을 수 있다.
		12	나도 모르게 나오는 나쁜 습관들을 고치기가 어렵다.
		13	나는 순간적인 충동이 들 때 참지 못하는 편이다. R
		14	나는 물건이나 자원을 절약하는 편이다.
	창의성	1	나는 일상 생활에서 흔히 볼 수 있는 것들을 사용해 특별한 것을 만든 적이 있다.
		2	나는 사소한 것이라도 나만의 방법으로 참신하게 변화시켜 본 적이 있다.
		3	나는 남들이 생각해내지 못하는 특이한 생각을 할 때가 있다.
		4	나는 문제를 해결할 때 여러 가지 방법들이 떠오를 때가 있다.
		5	나는 하나의 정보를 얻으면 다른 데에도 적용해 보고 싶다.
		6	나는 기존에 있던 것(물건, 정보 등)을 새로운 방법으로 활용하곤 한다.
		7	난 다른 사람들이 해결하지 못한 문제를 나만의 방식으로 해결한 적이 있다.
		8	사람들은 새로운 해결방법이 필요할 때 나에게 의견을 물을 때가 있다.
		9	나는 남들과는 다른 방식으로 문제를 해결할 때가 있다.
		10	나는 기발하다는 이야기를 종종 듣는다.
		11	나는 기존의 방식을 바꿀 새로운 생각들이 떠오를 때가 있다.
		12	나는 일상적인 것을 보완하거나 바꿀만 한 아이디어가 떠오를 때가 있다.
		13	해결해야 할 문제(일)가 있을 때 내가 생각한 방법을 말하면 사람들이 놀라워할 때가 있다.
	정직	1	나는 다른 사람의 물건을 훔치지 않는다.
		2	나는 내 잘못에 대해 솔직하게 말한다.
		3	나는 실수했을 때 솔직하게 말한다.
		4	내가 실수한 것이 있으면 먼저 사과한다.
		5	나는 다른 사람의 물건에 손대지 않는다.
		6	나는 다른 사람의 생각을 내 생각인 것처럼 말하지 않는다.

구분	주제 성품	문항	내용
분별력	정직	7	나는 이유없이 거짓말을 하지 않으려고 노력한다.
		8	나는 물건을 샀을 때 계산이 잘못되어 있다면 점원에게 말한다.
		9	나는 양심에 따라 행동한다.
		10	나는 다른 사람의 글을 내 글인 것처럼 쓰지 않는다.
		11	나는 이유없이 다른 사람을 속이는 것은 잘못이라고 생각한다.
		12	나는 이익을 떠나 옳은 일을 하려고 노력한다.
		13	나는 개인적인 이익이 주어지더라도 다른 사람에게 거짓말은 하지 않는다.
		14	나는 다른 사람들에게 신뢰가 간다는 이야기를 자주 듣는다.
	지혜	1	나는 다른 사람에게 조언할 때, 예상되는 다양한 문제들을 생각해 본다.
		2	다른 사람들과 삶의 경험을 이야기할 때 나는 관련된 모든 상황을 고려한다.
		3	내가 한 말이나 행동이 다른 사람에게 도움이 된 적이 있다.
		4	다른 사람의 말이나 생각이 나에게 도움이 된 적이 있다.
		5	나는 어려운 상황에 있는 사람에게 내가 문제를 해결했던 경험을 이야기해 준 적이 있다.
		6	나는 다른 사람들의 삶의 경험(이야기)에 관심을 가지고 있다.
		7	나는 다른 사람들의 삶의 경험(이야기)에서 배울 점이 있다고 생각한다.
		8	내 삶의 경험이 다른 사람에게 도움을 줄 수도 있다고 생각한다.
		9	내 삶의 경험이 다른 사람의 문제를 해결하는 데 도움이 된 적이 있다.
		10	다른 사람들과 삶의 경험을 이야기하고 나누는 것은 의미있는 일이라고 생각한다.
		11	다른 사람의 문제 해결 경험을 듣고, 내 문제에 대해서도 깊이 생각해보게 되었던 적이 있다.
		12	사람들과 삶의 경험(이야기)을 나눌 수 있는 기회가 더 많아져야 한다고 생각한다.
		13	내가 알려준 새로운 지식(생각)이 다른 사람에게 도움이 된 적이 있다.

*R은 역채점 문항

한국형 12성품의
주제성품 문항별 요인부하량

요인	문항	1	2	3	4	5	6	7	8	9	10	11	12
감사 (11), 배려(4)	감사6	0.522	0.118	-0.189	-0.039	0.053	0.123	0.052	-0.062	0.051	-0.034	-0.208	0.030
	감사9	0.485	0.039	-0.066	0.085	-0.053	-0.018	0.218	0.037	-0.130	0.045	-0.026	-0.001
	감사5	0.481	0.046	-0.081	0.129	-0.092	-0.116	0.143	0.055	-0.062	-0.086	-0.092	0.107
	감사4	0.443	0.065	-0.135	0.122	-0.105	-0.154	0.197	-0.038	0.008	-0.058	-0.189	0.157
	감사8	0.433	-0.010	-0.006	0.125	-0.026	-0.028	0.136	0.067	-0.167	0.075	-0.078	0.044
	감사7	0.427	0.037	0.020	0.106	-0.076	-0.059	0.166	0.075	-0.135	0.041	-0.129	0.003
	감사12	0.385	0.002	-0.127	0.050	-0.012	0.067	-0.019	0.217	-0.099	0.001	0.093	0.122
	감사2	0.355	0.166	-0.067	0.076	-0.167	-0.105	0.253	-0.109	0.081	-0.104	-0.222	0.219
	감사3	0.336	-0.034	-0.145	0.140	-0.066	-0.164	0.185	0.081	0.003	0.048	-0.042	0.147
	감사11	0.331	0.033	-0.095	-0.018	-0.026	0.005	0.161	0.246	-0.099	0.085	0.116	0.205
	감사1	0.306	0.115	-0.103	0.113	-0.225	-0.097	0.184	0.076	0.069	-0.003	-0.134	0.047
	긍정적인 태도16	0.288	0.180	0.024	0.154	0.067	0.086	-0.035	-0.030	-0.246	0.147	0.000	0.166
	배려1	0.272	0.141	0.055	0.205	-0.063	0.061	0.098	0.059	-0.117	0.056	0.042	0.096
	배려14	0.241	0.033	-0.100	0.167	0.000	0.193	0.091	0.115	-0.102	0.144	0.004	0.013
	배려9	0.237	-0.062	-0.113	0.048	0.047	0.030	0.146	0.087	-0.096	0.179	-0.028	0.220
	배려4	0.232	-0.070	-0.009	0.224	-0.091	-0.017	0.035	0.115	-0.218	0.098	-0.020	0.192

요인	문항	1	2	3	4	5	6	7	8	9	10	11	12
기쁨 (14), 긍정적인 태도 (7)	기쁨4	0.007	0.770	-0.082	-0.057	-0.024	0.005	0.062	0.065	-0.081	-0.117	0.066	0.054
	기쁨7	-0.006	0.720	-0.024	0.017	-0.141	0.014	0.085	0.075	0.008	-0.061	-0.009	0.019
	기쁨6	0.043	0.716	-0.038	0.026	-0.148	-0.049	0.028	0.078	0.030	-0.059	-0.019	0.084
	기쁨9	0.050	0.679	-0.019	0.042	-0.068	-0.009	0.095	-0.013	-0.029	-0.159	-0.049	0.082
	기쁨3	-0.067	0.658	-0.065	0.095	-0.001	0.046	0.097	0.005	-0.070	-0.162	0.000	0.044
	기쁨14	0.210	0.600	-0.117	-0.038	0.027	0.087	0.044	-0.002	-0.034	0.076	-0.042	-0.058
	긍정적인 태도9	0.023	0.571	-0.063	0.078	-0.084	-0.013	0.060	0.015	0.028	-0.007	-0.026	0.127
	기쁨8	-0.049	0.543	0.057	0.150	-0.120	-0.060	0.097	0.023	-0.055	-0.088	-0.088	0.137
	기쁨11	0.091	0.533	-0.029	-0.007	0.002	0.017	-0.022	0.047	-0.034	0.264	-0.150	-0.021
	긍정적인 태도4	-0.089	0.483	-0.167	0.062	-0.043	-0.049	0.113	0.020	0.036	0.184	0.007	0.094
	긍정적인 태도11	-0.124	0.471	-0.011	0.255	-0.049	-0.095	0.119	0.073	-0.017	0.165	0.014	-0.013
	기쁨12	0.101	0.467	0.037	0.007	0.037	-0.013	0.027	0.074	-0.115	0.197	-0.235	0.015
	기쁨5	0.031	0.465	-0.029	0.086	-0.010	-0.027	0.054	0.056	-0.057	0.172	-0.183	0.062
	기쁨13	0.122	0.451	-0.021	0.019	0.046	0.032	-0.066	0.064	-0.118	0.226	-0.230	-0.021
	기쁨10	0.204	0.444	-0.093	0.005	0.027	0.215	-0.056	0.018	0.021	0.056	-0.046	-0.024
	긍정적인 태도7	0.005	0.416	-0.115	0.001	0.033	0.121	-0.013	0.092	-0.027	-0.022	-0.057	0.374
	기쁨1	0.143	0.414	-0.020	0.180	0.025	-0.113	-0.049	0.155	-0.043	0.168	-0.230	0.031
	기쁨2	0.147	0.386	-0.012	0.042	0.021	-0.042	-0.010	-0.043	-0.150	0.255	-0.268	-0.003
	긍정적인 태도14	0.043	0.342	-0.046	0.033	0.021	0.314	-0.056	-0.023	0.021	-0.095	-0.054	0.315
	긍정적인 태도2	-0.016	0.302	-0.075	0.133	0.074	0.104	-0.110	0.160	-0.076	0.145	-0.078	0.247
	긍정적인 태도10	-0.097	0.233	-0.054	0.223	-0.078	-0.115	0.180	0.123	-0.048	0.187	0.010	0.074
창의성 (13)	창의성9	-0.103	0.050	-0.746	0.054	0.033	-0.004	0.032	0.095	-0.086	-0.010	0.019	0.030

요인	문항	1	2	3	4	5	6	7	8	9	10	11	12
창의성 (13)	창의성 10	0.127	0.029	-0.745	0.043	0.060	0.015	0.004	-0.080	-0.072	-0.046	0.048	0.007
	창의성7	-0.099	0.082	-0.728	0.015	-0.042	0.034	0.050	-0.011	-0.066	0.039	-0.047	0.003
	창의성 11	0.077	0.026	-0.727	0.000	0.068	0.059	0.042	0.025	-0.059	0.072	-0.022	-0.028
	창의성3	-0.038	0.011	-0.720	-0.029	-0.179	-0.024	-0.010	0.027	0.026	0.056	0.032	0.041
	창의성 12	0.067	0.045	-0.700	0.012	0.027	0.017	0.005	0.083	-0.046	0.024	-0.023	-0.074
	창의성 13	0.085	0.023	-0.688	0.006	0.085	0.020	-0.048	0.175	-0.092	-0.030	-0.005	-0.021
	창의성1	0.100	-0.025	-0.654	-0.072	-0.055	0.131	0.000	-0.045	0.065	-0.053	-0.063	0.067
	창의성6	-0.029	0.006	-0.650	0.011	-0.050	-0.107	0.034	-0.031	-0.082	-0.051	-0.193	0.145
	창의성2	0.055	0.008	-0.646	-0.039	-0.104	0.116	-0.029	0.007	0.012	-0.002	-0.082	0.047
	창의성4	-0.068	-0.056	-0.632	0.047	-0.076	-0.033	0.041	0.041	-0.145	0.033	-0.015	0.106
	창의성8	-0.010	0.083	-0.620	0.120	0.112	0.003	0.054	0.023	-0.179	-0.024	0.009	-0.094
	창의성5	-0.096	-0.058	-0.453	0.021	-0.059	-0.079	0.092	-0.004	-0.194	0.011	-0.232	0.149
	지혜13	0.001	0.082	-0.363	0.115	-0.091	-0.054	0.021	0.090	-0.217	0.025	-0.029	-0.059
	절제14	0.012	-0.066	-0.289	0.006	-0.157	0.151	0.110	0.074	-0.039	0.097	-0.164	-0.055
	배려15	0.219	0.175	-0.220	0.041	0.014	0.095	0.014	0.083	0.065	-0.090	-0.220	0.133
경청 (15), 배려(5)	경청1	-0.079	-0.025	-0.016	0.787	0.016	-0.002	0.030	-0.065	-0.037	-0.036	-0.060	-0.061
	경청2	-0.078	0.048	-0.073	0.783	-0.027	0.014	0.057	-0.050	0.025	-0.045	0.021	-0.075
	경청8	-0.007	-0.022	-0.063	0.690	-0.076	-0.060	0.062	0.031	0.080	0.025	-0.013	0.090
	경청9	0.026	-0.016	-0.013	0.565	-0.039	0.069	0.021	0.066	0.045	-0.049	-0.075	0.022
	경청6	-0.015	0.111	-0.020	0.559	0.014	0.000	0.093	0.034	0.015	-0.026	-0.074	-0.019
	경청5	0.072	0.056	-0.009	0.546	0.062	0.079	-0.096	0.012	-0.192	-0.028	-0.022	-0.018
	경청3	0.031	-0.064	-0.126	0.525	0.099	0.103	0.020	0.027	-0.044	0.083	-0.032	-0.010
	경청7	-0.015	0.066	0.099	0.487	-0.108	-0.071	-0.009	0.105	-0.091	0.090	-0.012	0.063
	경청11	0.147	-0.080	0.020	0.477	-0.048	0.023	0.032	-0.029	-0.129	0.135	0.006	0.172

이영숙 박사의
한국형 12성품
척도 개발 연구

164

요인	문항	1	2	3	4	5	6	7	8	9	10	11	12
경청 (15), 배려(5)	경청10	0.139	0.037	0.111	0.475	-0.155	-0.041	0.030	-0.032	-0.070	0.019	-0.036	0.092
	경청13	0.178	0.026	0.051	0.468	-0.145	0.020	-0.033	-0.027	-0.040	0.031	0.009	0.069
	경청12	0.010	0.034	0.056	0.441	-0.091	-0.027	0.012	0.094	0.011	0.112	0.050	0.110
	경청14	0.244	0.158	0.010	0.433	-0.066	0.198	-0.070	0.118	-0.054	-0.062	0.142	0.012
	경청16	0.157	0.006	-0.093	0.368	0.018	0.031	-0.016	0.125	-0.079	0.160	0.032	0.037
	경청17	0.259	0.130	-0.109	0.268	0.108	0.261	-0.055	0.120	-0.062	0.018	0.075	0.103
	배려3	0.201	-0.011	-0.001	0.257	-0.022	-0.036	0.114	0.186	-0.137	0.145	0.039	0.217
	배려6	0.182	0.005	-0.063	0.253	-0.058	0.185	0.194	0.005	-0.091	0.132	0.032	0.030
	배려2	0.239	0.057	0.024	0.253	-0.064	-0.027	0.091	0.086	-0.121	0.139	0.051	0.161
	배려10	0.072	0.037	-0.037	0.214	-0.047	0.205	0.152	0.133	-0.063	0.172	-0.003	-0.001
	배려7	0.129	0.083	-0.059	0.177	-0.125	0.157	0.166	0.010	-0.088	0.173	0.042	0.120
정직 (13)	정직5	0.069	-0.034	0.055	0.061	-0.673	0.004	-0.018	0.080	-0.064	-0.074	0.032	0.051
	정직1	-0.012	0.001	0.038	0.006	-0.631	-0.081	0.081	0.033	-0.107	-0.042	0.065	0.004
	정직11	-0.149	0.032	0.022	0.011	-0.631	0.130	0.093	0.024	-0.168	0.046	0.018	0.023
	정직9	0.044	0.118	-0.074	-0.055	-0.607	0.088	0.009	0.043	-0.150	0.151	0.020	-0.051
	정직7	-0.041	0.099	0.068	0.033	-0.583	0.144	0.041	-0.013	-0.140	0.136	-0.081	0.028
	정직12	0.066	0.081	-0.151	-0.033	-0.548	0.161	0.052	-0.002	-0.058	0.036	-0.015	0.034
	정직8	-0.075	0.040	-0.152	0.092	-0.546	-0.005	0.018	-0.028	-0.090	0.094	0.041	0.009
	정직2	0.107	0.005	-0.082	0.086	-0.529	-0.060	0.020	0.100	-0.086	-0.113	-0.119	-0.001
	정직10	0.010	0.054	0.017	0.104	-0.516	0.125	0.056	-0.001	-0.133	0.031	-0.064	-0.069
	정직3	0.063	0.039	-0.048	0.052	-0.494	-0.078	0.023	0.111	-0.168	-0.074	-0.055	0.022
	정직6	0.130	0.012	-0.129	0.088	-0.489	0.129	0.004	0.097	0.102	0.047	-0.054	-0.008
	정직4	-0.020	-0.050	-0.052	0.111	-0.458	-0.018	-0.011	0.212	-0.096	0.055	-0.050	0.055
	정직13	0.134	0.161	-0.075	-0.013	-0.398	0.154	0.023	-0.061	-0.253	-0.069	-0.083	-0.082
절제 (10)	절제8	0.027	-0.026	-0.113	-0.026	-0.110	0.513	0.037	0.028	-0.031	0.103	-0.070	0.047
	절제2	-0.043	-0.005	-0.075	0.160	-0.025	0.480	0.085	-0.008	-0.041	-0.099	-0.067	0.070
	절제3	-0.029	-0.064	-0.079	0.123	-0.042	0.478	0.067	0.056	-0.087	0.011	-0.105	0.048

요인	문항	1	2	3	4	5	6	7	8	9	10	11	12
절제 (10)	절제4	-0.067	-0.070	-0.167	0.094	-0.109	0.451	0.079	0.008	-0.041	0.003	-0.102	-0.080
	절제1	0.066	-0.036	-0.042	0.075	-0.024	0.450	0.095	0.011	-0.101	-0.151	-0.152	0.166
	절제9	0.024	-0.026	-0.077	-0.006	-0.025	0.443	0.020	0.010	-0.129	0.045	-0.201	0.158
	절제10	0.078	0.184	0.032	-0.055	-0.171	0.430	-0.069	-0.054	-0.074	0.058	-0.234	0.054
	절제11	-0.142	0.047	-0.064	0.027	-0.325	0.411	0.071	0.086	0.000	0.109	-0.088	-0.046
	절제7	-0.112	0.098	-0.127	0.000	-0.238	0.402	0.008	0.162	0.031	0.083	-0.072	-0.106
	배려5	0.213	-0.076	-0.060	0.113	-0.025	0.355	0.054	0.057	0.038	0.088	-0.083	0.059
	절제6	-0.051	0.134	-0.047	0.096	-0.080	0.309	0.081	-0.041	-0.087	0.012	-0.245	0.016
	순종16	0.067	0.175	-0.070	-0.042	0.032	0.298	0.244	0.215	-0.084	-0.274	-0.025	0.006
	긍정적인 태도1	0.108	0.226	-0.095	0.136	0.079	0.264	-0.091	0.115	0.088	0.117	-0.089	0.100
순종 (14)	순종3	0.092	0.090	-0.066	0.019	-0.067	0.035	0.816	-0.069	0.032	0.008	-0.002	-0.080
	순종2	0.049	-0.001	-0.083	0.057	0.002	-0.009	0.753	-0.072	-0.087	0.038	-0.056	-0.016
	순종1	0.082	0.087	-0.079	0.107	0.021	0.041	0.698	-0.058	-0.030	-0.028	-0.028	-0.031
	순종4	0.039	0.027	-0.051	0.038	-0.135	0.029	0.687	0.064	0.054	0.000	-0.037	-0.041
	순종8	-0.076	-0.093	-0.041	0.038	-0.060	-0.022	0.610	0.143	-0.058	0.138	0.007	0.193
	순종5	0.144	0.042	0.003	-0.082	0.014	0.024	0.546	0.053	-0.163	0.105	-0.106	0.083
	순종6	0.048	0.020	-0.026	-0.071	-0.012	-0.032	0.538	0.071	-0.117	0.128	-0.098	0.152
	순종9	-0.030	-0.022	0.044	0.061	-0.045	0.053	0.528	0.206	-0.097	0.123	0.023	0.098
	순종13	0.013	0.253	0.087	0.043	-0.016	0.075	0.517	0.193	-0.103	-0.212	0.018	-0.075
	순종7	-0.051	-0.093	-0.023	0.016	-0.070	-0.083	0.506	0.187	-0.089	0.156	-0.034	0.217
	순종12	0.092	0.148	-0.011	0.060	0.018	0.201	0.480	0.160	-0.035	-0.244	0.006	-0.057
	순종10	-0.011	-0.057	0.004	0.129	-0.151	0.000	0.479	0.137	-0.065	0.065	-0.028	0.086
	순종14	-0.063	0.102	-0.013	0.021	-0.027	-0.010	0.428	0.225	-0.176	-0.026	0.017	0.048
	순종11	0.048	0.192	0.043	0.099	0.006	0.123	0.402	0.154	-0.078	-0.190	-0.063	-0.031
	감사13	-0.014	-0.012	0.042	0.174	-0.070	-0.032	0.369	0.129	-0.150	0.095	-0.064	0.157
	감사14	0.149	0.194	-0.142	-0.024	-0.008	0.214	0.290	-0.056	0.094	-0.231	-0.226	0.086

요인	문항	1	2	3	4	5	6	7	8	9	10	11	12
책임감 (13)	책임감7	0.047	0.058	-0.040	0.036	-0.101	-0.024	-0.048	0.646	-0.058	-0.033	-0.099	0.032
	책임감6	0.057	0.092	-0.133	-0.003	-0.064	0.032	-0.036	0.624	0.015	-0.042	-0.103	-0.031
	책임감9	0.034	0.006	-0.025	0.071	-0.071	-0.051	-0.007	0.548	-0.082	0.035	-0.194	-0.011
	책임감8	-0.137	0.038	0.042	0.060	-0.174	-0.078	0.172	0.547	-0.071	0.055	-0.107	0.052
	책임감5	-0.089	0.000	-0.074	0.070	-0.089	-0.041	0.130	0.544	-0.129	-0.018	-0.010	0.158
	책임감4	-0.050	0.001	-0.095	0.100	-0.135	0.037	0.128	0.503	-0.032	0.047	-0.004	0.083
	책임감3	-0.040	0.063	-0.066	0.012	-0.060	0.010	0.170	0.484	-0.146	0.024	0.008	0.137
	책임감2	0.199	0.046	-0.026	-0.087	0.025	0.213	0.067	0.463	-0.019	0.058	-0.120	-0.052
	책임감1	0.090	0.022	-0.081	-0.033	0.081	0.091	0.145	0.455	-0.077	0.064	-0.056	0.039
	책임감13	0.063	-0.015	-0.087	0.054	-0.137	-0.036	0.061	0.415	-0.041	0.087	-0.295	-0.125
	책임감10	-0.107	0.006	-0.009	0.052	-0.146	-0.080	0.225	0.394	-0.091	0.051	-0.160	0.018
	책임감11	-0.066	0.091	0.037	0.065	-0.236	-0.034	0.196	0.333	-0.089	-0.075	-0.111	-0.034
	책임감12	0.173	0.065	-0.172	0.066	0.034	0.066	0.006	0.315	-0.096	-0.018	-0.289	-0.252
	순종17	0.099	0.059	0.000	0.027	0.076	0.225	0.150	0.246	-0.132	-0.230	-0.168	0.133
지혜 (12)	지혜6	-0.008	0.032	-0.073	0.055	0.026	0.001	0.046	0.075	-0.727	0.022	0.017	-0.021
	지혜7	-0.077	-0.075	0.072	-0.018	-0.143	0.026	0.091	0.067	-0.694	-0.037	-0.049	0.082
	지혜8	-0.022	0.074	-0.086	0.045	-0.035	-0.052	0.044	0.000	-0.680	-0.056	-0.077	0.004
	지혜12	-0.017	-0.031	-0.001	-0.017	-0.096	-0.041	0.061	-0.015	-0.667	0.018	-0.179	0.088
	지혜10	-0.044	-0.012	-0.084	0.020	-0.106	0.016	0.055	0.041	-0.665	0.118	-0.036	0.046
	지혜5	0.087	0.067	-0.109	0.091	-0.023	-0.032	0.037	-0.001	-0.653	0.015	-0.050	-0.070
	지혜3	0.004	-0.009	-0.096	0.063	-0.102	0.066	0.029	-0.012	-0.638	0.054	0.048	0.024
	지혜9	0.109	0.066	-0.226	-0.011	-0.006	-0.007	-0.017	-0.008	-0.606	-0.023	-0.042	-0.035
	지혜11	0.006	-0.052	-0.087	-0.017	-0.103	0.030	0.023	0.069	-0.605	0.122	-0.003	0.101
	지혜4	-0.017	0.055	-0.028	0.049	-0.237	-0.007	0.001	-0.022	-0.598	0.045	-0.065	-0.039
	지혜2	0.050	-0.006	-0.144	-0.015	-0.087	0.070	0.008	0.120	-0.578	-0.035	-0.008	0.029

요인	문항	1	2	3	4	5	6	7	8	9	10	11	12
지혜 (12)	지혜1	0.064	0.013	-0.193	0.054	-0.088	-0.008	0.027	0.075	-0.513	-0.109	-0.095	-0.020
	정직14	0.100	0.004	-0.114	0.062	-0.162	0.176	-0.014	0.094	-0.491	-0.065	0.090	-0.051
배려(3)	배려11	0.023	0.022	-0.019	0.139	-0.073	0.226	0.226	0.038	-0.037	0.389	0.013	-0.027
	배려12	0.048	0.007	0.008	0.111	-0.046	0.182	0.239	0.053	-0.082	0.377	-0.001	-0.008
	배려13	0.182	0.059	0.043	0.180	-0.091	0.174	0.176	0.135	-0.100	0.238	0.002	0.002
인내 (13)	인내8	-0.012	0.017	-0.038	-0.010	-0.020	-0.023	0.066	0.119	-0.106	0.069	-0.640	0.023
	인내7	-0.007	0.088	-0.093	0.051	0.088	0.038	0.006	0.140	-0.088	0.006	-0.627	-0.041
	인내10	0.030	0.075	-0.021	0.024	0.046	0.065	0.029	0.092	-0.089	0.086	-0.616	0.038
	인내9	-0.019	0.017	-0.019	0.057	0.037	0.048	0.105	0.131	-0.121	0.041	-0.573	0.020
	인내6	0.003	0.006	-0.001	0.063	-0.084	0.112	0.012	0.079	-0.112	-0.034	-0.550	0.066
	인내3	0.021	0.047	-0.116	0.045	-0.109	0.035	0.056	0.086	0.023	-0.061	-0.506	0.097
	인내1	0.126	-0.061	-0.007	0.035	-0.121	0.005	0.072	0.249	-0.077	-0.037	-0.477	-0.095
	인내4	0.008	0.011	-0.117	0.061	0.017	0.233	0.015	0.010	-0.051	-0.139	-0.469	0.152
	인내5	0.015	0.034	-0.130	0.056	-0.015	0.218	-0.017	0.036	0.037	-0.152	-0.454	0.218
	인내13	0.124	0.074	-0.234	0.053	-0.067	0.172	-0.022	-0.037	-0.014	-0.086	-0.434	0.054
	인내2	0.012	0.021	-0.102	0.048	-0.006	0.274	0.034	0.089	-0.042	-0.119	-0.416	0.071
	인내12	0.137	0.066	-0.309	0.028	-0.040	0.212	0.022	-0.030	0.012	-0.095	-0.350	0.047
	인내11	0.023	0.115	-0.197	0.018	-0.089	0.017	0.036	0.120	-0.074	0.085	-0.349	-0.058
긍정적인태도 (7)	긍정적인태도8	0.015	0.288	-0.121	0.028	0.016	0.108	-0.079	0.103	0.012	0.022	-0.099	0.489
	긍정적인태도6	0.023	0.310	-0.091	0.047	0.141	0.183	-0.013	-0.022	-0.018	-0.084	-0.118	0.412
	긍정적인태도5	0.075	0.293	-0.135	0.010	0.024	0.031	0.045	-0.087	-0.071	0.061	0.027	0.336
	감사10	0.196	0.179	0.028	-0.039	-0.126	-0.050	0.216	0.089	-0.154	-0.053	-0.036	0.259
	배려8	0.082	-0.012	-0.040	0.047	-0.114	-0.043	0.173	0.018	-0.116	0.211	-0.051	0.250

부록 4
한국형 12성품 척도 (최종 문항)

구분	주제 성품	번호	문항내용
공감 인지 능력	경청 (15)	1	나는 상대의 말에 집중한다.
		2	나는 대화할 때 상대의 이야기를 집중해서 듣는다.
		3	나는 이야기하는 사람에게 최대한 관심을 집중한다.
		4	나는 다른 사람의 말을 흘려듣지 않는다.
		5	다른 사람이 말할 때, 이야기의 흐름을 잘 따라가는 편이다.
		6	다른 사람들은 내가 자신의 이야기를 잘 들어준다고 말한다.
		7	나는 다른 사람의 입장에서 이야기를 듣는다.
		8	다른 사람이 나에게 고민을 털어놓을 때에는 특히 더 집중하려고 노력한다.
		9	나는 이야기를 들을 때 다른 사람의 마음에 공감하려고 애쓴다.
		10	나는 이야기를 들을 때 상대를 마주본다.
		11	나는 이야기를 들을 때 상대의 눈을 바라본다.
		12	나는 대화할 때 고개를 끄덕이거나 "그래 그렇구나"와 같은 반응을 한다.
		13	다른 사람들은 나와 대화할 때 소통이 잘 된다고 말한다.
		14	대화할 때 상대의 표정과 몸짓, 손짓에 관심을 집중한다.
		15	다른 사람들은 나와 대화할 때 존중받는 기분이 든다고 말한다.

구분	주제 성품	번호	문항내용
공감 인지 능력	긍정 적인 태도 (10)	16	나에게는 대체로 좋은 일들이 더 많이 일어날 것 같다.
		17	나는 내 미래에 대해 기대를 갖고 있다.
		18	나는 내 직업(학업)목표를 위해 노력하면 잘 될 것이라고 생각한다.
		19	나는 어려운 상황에 처해도 희망을 버리지 않는다.
		20	나는 어려운 상황에 처해도 좀처럼 절망하거나 비관하는 말을 하지 않는 편이다.
		21	힘든 상황에 처하는 경우에도, 나는 결국에는 해결할 수 있을 것이라고 생각한다.
		22	나는 새로운 일을 시작할 때, 잘 풀리길 기대한다.
		23	나는 삶이 힘들 때도 웃음과 여유를 잃지 않으려고 노력한다.
		24	나는 어려운 상황에 처해도 좀처럼 절망하거나 비관하지 않는 편이다.
		25	나는 힘들거나 답답한 상황에서도 유머를 잃지 않는다.
	기쁨 (14)	26	나는 스스로를 자랑스럽게 생각한다.
		27	나는 나 자신을 있는 그대로 존중한다.
		28	나는 나 자신을 믿고 즐겁게 생활한다.
		29	나는 내가 가치 있는 존재라는 생각을 자주 한다.
		30	나는 내 자신에 대해서 대체적으로 만족한다.
		31	나는 스스로에게 가치 있는 존재라고 자주 말한다.
		32	나는 내 일상을 소중하게 생각한다.
		33	나는 자기 계발을 위해 노력한다.
		34	나는 나의 성장을 위한 배움을 즐거워한다.
		35	나는 나에게 중요한 것을 이루어 나가는 과정이 즐겁다.
		36	나는 나의 장점을 찾고 계발한다.
		37	나는 내 몸을 위해 건강에 도움이 되는 음식을 선택한다.
		38	나는 내가 마음속으로 정한 것을 이루기 위해 즐겁게 노력한다.
		39	나는 내가 바라는 것을 이루기 위해서 노력하는 과정이 즐겁다.

구분	주제 성품	번호	문항내용
공감 인지 능력	배려 (12)	40	나는 다른 사람들을 밝은 표정으로 대한다.
		41	나와 함께 있는 다른 사람들이 편안하도록 수시로 관찰하고 보살핀다.
		42	나는 어려운 일을 당한 친구를 보면 나의 일처럼 느껴진다.
		43	주변에 힘들어하는 사람이 있으면 마음을 쓰는 편이다.
		44	나는 필요하다면, 다른 사람을 향한 격려를 아끼지 않는다.
		45	나는 여러 사람과 일을 할 때, 다른 사람의 감정을 생각하는 편이다.
		46	나는 위로가 필요한 사람이 있으면 곁에 있어주는 편이다.
		47	나는 대화할 때, 내 의견만 주장하지 않고 상대의 의견도 묻는다.
		48	나와 함께 있는 다른 사람들이 편안하도록 노력한다.
		49	사람들을 만나고 나서, 나는 내가 한 말이 다른 사람을 불쾌하게 하지 않았는지 생각해 본다.
		50	사람들을 만나고 나서, 나는 내가 한 행동이 다른 사람을 불쾌하게 하지 않았는지 생각해 본다.
		51	나는 다른 사람의 마음을 신경 쓰며 생각하고 행동한다.
	감사 (11)	52	나는 하루에 한 가지씩은 감사할 일들을 찾아보려 한다.
		53	나는 주변 사람들에 대한 고마움을 자주 떠올린다.
		54	나는 고마운 마음을 잊지 않고 자주 떠올리려고 노력한다.
		55	나에게 주어진 것들에 대한 고마운 마음을 자주 떠올린다.
		56	나는 사람들에게 고마운 마음을 잘 표현하는 편이다.
		57	나는 친구들을 소중하게 생각하고 고마운 마음을 표현한다.
		58	나는 고마운 마음을 전하기 위해 편지나 선물 등을 준비하기도 한다.
		59	나에게 주어진 것들을 자주 떠올리고 감사한다.
		60	나는 '고맙습니다'라는 말을 자주 사용한다.
		61	나는 고마운 사람들에게 마음을 어떻게 표현할지 생각하곤 한다.
		62	나에게 주어진 것들에 대해 진심으로 소중하게 생각한다.

구분	주제 성품	번호	문항내용
공감 인지 능력	순종 (14)	63	나는 나를 돌보아 주시는 분들을 존경하는 마음을 가지고 있다.
		64	나를 돌보아 주시는 분들의 훌륭한 점을 닮고 싶다.
		65	나를 돌보아 주시는 분들의 노력에 감동하곤 한다.
		66	나는 나를 돌보아 주시는 분들께 공손하게 대하려고 노력한다.
		67	나는 나를 돌보아 주시는 분들의 자랑이 되고 싶다.
		68	나는 나의 멘토에 대해 존경하는 마음을 갖고 있다.
		69	나는 멘토의 훌륭한 점을 닮고 싶다.
		70	나를 돌보아 주시는 분들과 함께 있을 때에는 예의 바르게 행동하려고 노력한다.
		71	나를 보호하고 있는 사람들(부모님 등)을 사랑하기 때문에 그들의 지시를 따른다.
		72	내가 약할 때 받아왔던 것들을, 내가 도울 힘이 생기게 되면 보답해드리고 싶다.
		73	나를 보호하고 있는 사람들(부모님 등)을 존경하기 때문에 그들의 지시를 따른다.
		74	내가 예의 바르게 행동했을 때 뿌듯함을 느낀다.
		75	나는 내가 공경해야 할 대상이 누구인지 알고 있다.
		76	나를 보호하고 있는 사람들(부모님 등)의 말씀을 잘 따른다.
분별력	인내 (13)	77	나는 새로운 것을 배울 때 잘 되지 않더라도 여러 번 반복해 보려고 노력한다.
		78	나는 어려운 과제(일)라도 당황하지 않고 끝까지 매달려 본다.
		79	나는 한계라고 느껴지는 때에도 한 번 더 노력해 본다.
		80	나는 새로운 것을 배우기 위해 쉽게 포기하지 않고 꾸준히 노력할 수 있다.
		81	나는 해결해야 할 문제는 침착하게 끝까지 고민해 볼 수 있다.
		82	나는 생각처럼 되지 않는 일도 포기하지 않고 한 번 더 해본다.

구분	주제 성품	번호	문항내용
분별력	인내 (13)	83	나는 해내고 싶은 일들을 반복해서 생각하며 과제(일)를 수행한다.
		84	나는 어려운 상황에서도 불평하지 않고 기다려 본다.
		85	나는 예상치 못한 상황이 닥쳤을 때에도 불평하지 않고 기다린다.
		86	나는 힘든 상황에 처했을 때, 침착할 수 있는 방법을 알고 있고 실제로 사용한다.
		87	나는 힘든 상황에서도 조급해하지 않고 기다리고자 노력한다.
		88	나는 조급해질 때, 침착할 수 있는 방법을 알고 있고 실제로 사용한다.
		89	나는 과제(일)를 할 때, 한계를 넘기고 끝까지 잘 수행했던 경험이 있다.
	책임감 (13)	90	내가 맡은 과제(일)의 책임을 끝까지 내가 진다.
		91	내가 맡은 과제(일)를 할 때, 매사를 신중하게 처리하여 문제가 없도록 한다.
		92	내가 맡은 과제(일)에서 잘못된 부분은 책임지고 끝까지 수정한다.
		93	내가 맡은 일은 최선을 다 해야 한다고 생각한다.
		94	나중에라도 문제가 될 수 있는 행동을 했다면, 나에게는 그 결과에 대한 책임이 있다.
		95	나는 내 결정이나 행동으로 인해 다른 사람들이 피해를 입지 않도록 하는 편이다.
		96	만일 위험을 예견하고도 적절한 행동을 하지 않는다면, 나는 그에 따른 결과를 책임져야 한다.
		97	나는 아주 사소한 행동이라도 문제가 되지 않도록 여러 번 생각해 본다.
		98	모든 일을 계획에 맞게 진행하는 것에 대한 책임은 나에게 있다.
		99	나에게 주어진 과제(일)는 끝까지 맡아서 수행하려고 한다.
		100	내가 선택하고 결정한 일의 책임은 나에게 있다.
		101	나는 약속은 반드시 지키고자 노력한다.
		102	나는 과제(일)를 할 때, 대략의 계획을 세워 미리 문제를 점검하는 편이다.

구분	주제성품	번호	문항내용
분별력	절제 (10)	103	나는 욕을 하고 싶을 때에도, 참으려고 한다.
		104	나는 내 기분대로 행동하지 않는다.
		105	나는 다른 사람이 먼저 시비를 걸더라도 화내지 않고 말로 해결하려 노력한다.
		106	나는 갖고 싶은 물건이 있어도 필요하지 않으면 사지 않는다.
		107	나는 기분 나쁜 일이 있어도 마음대로 행동하지 않는다.
		108	나는 화가 나는 일이 있어도 다시 생각해서 행동한다.
		109	나는 텔레비전 시청(또는 스마트폰 사용)행위를 스스로 잘 조절한다.
		110	나는 과소비를 하고 싶을 때 참을 수 있다.
		111	나는 과소비를 하지 않는 편이다.
		112	나도 모르게 나쁜 습관이 나올 때 자제할 수 있다.
	창의성 (13)	113	나는 남들과는 다른 방식으로 문제를 해결할 때가 있다.
		114	나는 기발하다는 이야기를 종종 듣는다.
		115	나는 다른 사람들이 해결하지 못한 문제를 나만의 방식으로 해결한 적이 있다.
		116	나는 기존의 방식을 바꿀 새로운 생각들이 떠오를 때가 있다.
		117	나는 남들이 생각해내지 못하는 특이한 생각을 할 때가 있다.
		118	나는 일상적인 것을 보완하거나 바꿀만 한 아이디어가 떠오를 때가 있다.
		119	해결해야 할 문제(일)가 있을 때 내가 생각한 방법을 말하면 사람들이 놀라워할 때가 있다.
		120	나는 일상생활에서 흔히 볼 수 있는 것들을 사용해 특별한 것을 만든 적이 있다.
		121	나는 기존에 있던 것(물건, 정보 등)을 새로운 방법으로 활용하곤 한다.
		122	나는 사소한 것이라도 나만의 방법으로 참신하게 변화시켜 본 적이 있다.

구분	주제 성품	번호	문항내용
분 별 력	창의성 (13)	123	나는 문제를 해결할 때 여러 가지 방법들이 떠오를 때가 있다.
		124	사람들은 새로운 해결방법이 필요할 때 나에게 의견을 물을 때가 있다.
		125	나는 하나의 정보를 얻으면 다른 데에도 적용해 보고 싶다.
	정직 (13)	126	나는 다른 사람의 물건에 손대지 않는다.
		127	나는 다른 사람의 물건을 훔치지 않는다.
		128	나는 이유 없이 다른 사람을 속이는 것은 잘못이라고 생각한다.
		129	나는 양심에 따라 행동한다.
		130	나는 이유 없이 거짓말을 하지 않으려고 노력한다.
		131	나는 이익을 떠나 옳은 일을 하려고 노력한다.
		132	나는 물건을 샀을 때 계산이 잘못되어 있다면 점원에게 말한다.
		133	나는 내 잘못에 대해 솔직하게 말한다.
		134	나는 다른 사람의 글을 내 글인 것처럼 쓰지 않는다.
		135	나는 실수했을 때 솔직하게 말한다.
		136	나는 다른 사람의 생각을 내 생각인 것처럼 말하지 않는다.
		137	내가 실수한 것이 있으면 먼저 사과한다.
		138	나는 개인적인 이익이 주어지더라도 다른 사람에게 거짓말은 하지 않는다.
	지혜 (12)	139	나는 다른 사람들의 삶의 경험(이야기)에 관심을 가지고 있다.
		140	나는 다른 사람들의 삶의 경험(이야기)에서 배울 점이 있다고 생각한다.
		141	내 삶의 경험이 다른 사람에게 도움을 줄 수도 있다고 생각한다.
		142	사람들과 삶의 경험(이야기)을 나눌 수 있는 기회가 더 많아져야 한다고 생각한다.
		143	다른 사람들과 삶의 경험을 이야기하고 나누는 것은 의미있는 일이라고 생각한다.

구분	주제 성품	번호	문항내용
분 별 력	지혜 (12)	144	나는 어려운 상황에 있는 사람에게 내가 문제를 해결했던 경험을 이야기해 준 적이 있다.
		145	내가 한 말이나 행동이 다른 사람에게 도움이 된 적이 있다.
		146	내 삶의 경험이 다른 사람의 문제를 해결하는 데 도움이 된 적이 있다.
		147	다른 사람의 문제 해결 경험을 듣고, 내 문제에 대해서도 깊이 생각해 보게 되었던 적이 있다.
		148	다른 사람의 말이나 생각이 나에게 도움이 된 적이 있다.
		149	다른 사람들과 삶의 경험을 이야기할 때 나는 관련된 모든 상황을 고려한다.
		150	나는 다른 사람에게 조언할 때, 예상되는 다양한 문제들을 생각해 본다.

이영숙 박사의 한국형 12성품 척도 개발 연구